DISCLAIMER

This Book Offers Free Bonus Puzzles

Available Here:

BestActivityBooks.com/WSBONUS20

5 TIPS TO START!

1) HOW TO SOLVE

The Puzzles are in a Classic Format:

- Words are hidden without breaks (no spaces, dashes, ...)
- Orientation: Forward & Backward, Up & Down or in Diagonal (can be in both directions)
- Words can overlap or cross each other

2) LEVEL UP THE GAME!

A space is provided next to each word to write new ones, translations or notes. We also offer a convenient **NOTEBOOK** at the end of this edition. It can help you organize your annotations, new words and/or observations.

3) TAG YOUR WORDS

Have you tried using a tag system? For example, you could mark the words which have been difficult to find with a cross, the ones you loved with a star, new words with a triangle, rare words with a diamond and so on...

4) EASY TO CUT!

The Puzzles come with an Extra Large margin to easily cut the page out of the book. Some people may feel it more convenient to solve them this way.

5) FINISHED?

Go to the bonus section: **MONSTER CHALLENGE** to find a free game offered at the end of this edition!

Want **more fun** and activities to **relax? It's Fast and Simple!** An entire Game Book Collection **just one click away!**

Find your next challenge at:

BestActivityBooks.com/MyNextWordSearch

Ready, Set... Go!

Did you know there are around 7,000 different languages in the world? Words are precious.

We love languages and have been working hard to make the highest quality books for you. Our ingredients?

One part easy-to-read print, three parts entertainment, then we add some challenging words and a pinch of rare ones. We brew them with care to serve you lots of fun and an opportunity to solve the best puzzles.

Your feedback is essential. You can be an active participant in the success of this book by leaving us a review. Tell us what you liked most in this edition!

Here is a short link which will take you to your Amazon orders review page.

BestBooksActivity.com/Review50

Thanks for your fidelity and enjoy the Game!

Delta Classics Team

Puzzle 1

```
R E C H T V E R J A A R D A G
T E M P O K R Y L T X P U E V
S L S Q K N M R A F C U G U L
J Y G M G E J W A S O X A L X
I B L E T G D X I L N E N E B
L A M Z O N T M R E T D W I K
O N T S P A N N E N E R N M I X
S D Q T E V H E T N A I H W Z
T T I C E T O L A R S H E L E
D E O F H N O E M I T R J B X
T T D P T O G G X J A J H M H
P G E D P H T N H A O A P W Z
Y M S B Y E E E H Y P F B M V
A T F I C X N B S T U R E N W
```

BAAI
THEEPOT
TEDDY
MATERIAAL
STUREN
STOPPEN
ONTVANGEN
VERJAARDAG
INDEX
TEMPO

ONTSPANNEN
TERM
LIJST
HOOGTE
BENEN
RIJ
BENGELEN
CONTRAST
HELE
RECHT

Puzzle 2

```
G  S  E  B  S  I  U  R  K  C  B  T  M  I  R
B  F  S  S  L  R  D  F  Q  F  E  A  I  Q  T
K  O  L  B  P  O  X  S  I  C  S  N  N  T  Q
J  O  B  J  E  A  U  J  B  Z  T  D  D  Z  I
B  L  E  V  U  E  H  S  P  J  E  P  E  A  Z
M  E  D  D  L  F  S  C  E  G  D  A  R  T  I
R  G  N  F  E  D  M  D  S  D  E  S  H  E  J
A  N  E  Z  E  H  E  D  L  D  N  T  E  R  D
P  F  W  W  I  M  C  Y  A  E  E  A  I  D  E
S  E  H  A  C  N  T  A  A  L  P  E  D  A  N
L  U  X  E  I  S  E  J  P  C  T  S  R  G  M
H  C  L  A  F  A  F  H  A  N  G  E  N  E  R
E  A  C  Z  F  V  E  R  W  A  R  R  E  N  G
M  H  N  F  O  Z  W  E  M  M  E  N  B  W  A
```

MINDERHEID	HEUVEL
GEREEDSCHAP	HEM
SLAAP	BESTEDEN
BLOK	OFFICIEEL
AFHANGEN	BENZINE
ZIJDEN	BLOUSE
KRUISBES	ZATERDAG
ZWEMMEN	VERWARREN
GELOOF	LUXE
TANDPASTA	PLAAT

Puzzle 3

```
V W N F A S J Q K A T J E Q K
N E E M A D E L I E F J E Y E
V O R T Y Q E U C C G O K Z S
E C E K E V P Y T F H P I H Z
R H N Z L N B E V A T T E N G
R T I A V A S I N N E K O C V
A E B K O I R C K F K W G F E
S N M S T E L E H C T A B U R
T D O T R O P S N A R T T M B
C G C E N G E L Q K P Y Y L R
A C H T E R U I T L A P A P A
A R C T I S C H E E H F E H N
J P B Z E J B B R U E S V R D
Q S N T W I Z D L R P V F G C
```

STEL	KATJE
VERKLAREN	BEVATTEN
ACHTERUIT	KENNIS
ARCTISCHE	COMBINEREN
VERBRAND	TRANSPORT
WETENSCHAPPER	BATCH
PAPA	ENGEL
KLEUR	ZAK
EEN	OCHTEND
VERRAST	MADELIEFJE

Puzzle 4

```
K V U C L O V N D E H U T H H
X B Z X U H D Q H N B F D O O
A Z M U O F N P J K A S E O N
D R A A G B A A R E T P E G G
E I K C R G W K S L V R L T E
W O E S T I J N L E A E T E R
A D I U B D T E E F N S J P I
D N N K A U H G C C D I E U G
H R H O S O P N H C A D P N R
B X C R I V C O T H A E L T O
L L E K S N U J S O G N I X N
A G T X Y E Z M T U Y T C P D
Y I B J G E Z X E C B M H R E
F I E T S T O O N D E K T N X
```

TECHNIEK
WOESTIJN
SLECHTSTE
ENKELE
PRESIDENT
PLICHT
VANDAAG
BAT
RONDE
HUT

FIETS
KROKUS
EENVOUDIG
DRAAGBAAR
TOONDE
JONGEN
BASIS
HOOGTEPUNT
DEELTJE
HONGERIG

Puzzle 5

```
Q  D  E  T  M  N  G  F  T  L  M  T  Q  B  Q
Y  T  N  A  M  X  L  G  S  I  A  Y  S  A  N
J  F  B  N  C  C  T  N  F  T  T  C  E  N  H
H  N  O  D  R  G  E  B  O  R  E  N  H  G  N
I  F  I  A  E  A  L  L  E  S  L  Q  T  E  G
V  V  O  R  L  M  P  R  O  J  E  C  T  S  N
W  A  P  T  L  O  M  W  K  M  S  L  T  N  D
Q  D  A  S  E  I  L  O  S  F  D  Q  O  E  R
T  F  K  K  T  H  C  I  R  E  B  L  E  E  U
X  E  P  N  E  G  J  I  R  K  G  I  S  U  G
C  O  N  C  E  N  T  R  A  A  T  J  T  W  E
K  W  S  K  C  P  G  X  P  Z  F  N  A  P  O
L  J  I  T  S  H  I  R  T  F  E  Y  A  O  J
E  N  T  H  O  U  S  I  A  S  T  J  N  P  H
```

TANDARTS	TOESTAAN
BANG	CONCENTRAAT
VAAK	KROMME
BERICHT	LOS
DRUG	PROJECT
SNEEUWPOP	ALLES
LACHEN	LIJN
SHIRT	ENTHOUSIAST
KRIJGEN	TELLER
GEBOREN	STIJL

Puzzle 6

```
W F U N D A M E N T E E L L W
K A D O S K J I L R A A V E G
A W A B I N C I D E N T A E R
G A R R E V O N E G E T G T R
E T N M S H V L I N D E R S J
N W E R C C A K J B N G B A X
E E K I A B H L E O V E G K E
E E E D V K B U V Y Q L F D M
S M R E J A I K W E S O X N H
K A P N L A M N C I G Y B A R
U A S T R M P L G M N I Y Z S
N L E I T S E W K P B G O V J
D F B E B U I T L E G G E N E
E Z V K V L V O O R B E E L D
```

GEVOEL   TEGENOVER
WAARSCHUWING   SMAAK
FUNDAMENTEEL   IDENTIEK
UITLEGGEN   BEHALVE
VOORBEELD   GEVAARLIJK
AANRAKING   BESPREKEN
KWESTIE   GENEESKUNDE
INCIDENT   SODA
ZANDKASTEEL   TWEEMAAL
BAR   VLINDER

Puzzle 7

```
G B N P L U H E T O G D E B G
V E H Y R I L Z Z Z B M Y I E
W W L N T O N E T W E R K J T
G E G E T N E U Q E R F O Z R
K R N D H E N F P W Y C Q O O
R K A J C T E U S Z I W L N U
I E G I E N O V B C U G H D W
T N T W R E H Z O A H K F E D
I D I L A C C Y V H C R W R G
S L U N C G S D E C X T I E V
C V R M H P D S N I A O E F B
H H O B E G E L E I D E N U T
Q B O O S L A E E T U N O Q R
L U V S T O U T M O E D I G E
```

SCHOENEN   VOORUITGANG
BEGELEIDEN FREQUENT
HULP   BEWERKEN
STOUTMOEDIGE LID
BOVEN   ERWT
BOOS   KRITISCH
GETROUWD   ACTEUR
NETWERK   WIJDEN
CENTEN   PROEFSCHRIFT
ECHT   BIJZONDERE

Puzzle 8

```
G  B  J  A  W  G  M  Q  B  N  C  H  A  Z  S
A  E  J  J  G  I  O  M  K  E  R  E  N  Y  P
N  X  Y  S  S  Z  N  R  O  I  G  N  A  R  A
G  P  E  O  U  R  S  D  S  G  N  A  L  N  O
A  A  N  T  R  E  K  K  E  L  I  J  K  E  E
P  I  L  O  O  T  I  L  Q  A  K  O  W  T  R
V  E  R  D  R  A  G  R  E  W  K  I  Q  H  E
K  A  C  H  E  L  D  M  E  S  E  H  G  C  G
I  Y  T  C  A  K  Z  O  X  S  D  T  Q  A  E
E  C  H  T  G  E  N  O  O  T  T  J  J  W  L
I  R  D  P  T  C  U  R  T  S  N  O  C  F  E
B  I  J  Z  O  N  D  E  R  M  O  I  N  I  N
G  E  N  E  R  A  T  I  E  Q  H  U  B  L  E
V  E  R  B  E  R  G  E  N  V  M  K  Q  M  Z
```

ECHTGENOOT
RANG
GANG
VERBERGEN
AANTREKKELIJKE
BIJZONDER
VERDRAG
CONSTRUCT
GENERATIE
REGELEN

LES
SERIEUS
WIND
ONTDEKKING
KACHEL
ONLANGS
OMKEREN
PILOOT
FILM
WACHTEN

Puzzle 9

```
S T R I J D M A M P J W C O M
V E R E E N V O U D I G E N I
W T Z Q N I T I Z Y T N F E S
Y O U N E T L E M S R I S T L
T B O B L A U W H O A G U R U
S R S R E P H R L P P E Q W K
V O C F D N E A S Q O W M G K
O O H N N E T D L P B E S E E
R D O T A R N H S F A B I L N
I J U I W E E S E D N A L E M
G E D I H D L T C Z B Q R U S
E S E S S N A X O H W H L K D
E I R T D I T P R P A J J E T
X K R Q A K P O P H J T H E D
```

WANDELEN	BEWEGING
SCHOUDER	LEUKE
KINDEREN	BROODJES
PAAR	WOORDENSCHAT
SMELTEN	RUG
TALENT	VORIGE
PARTIJ	HALF
MISLUKKEN	VEREENVOUDIGEN
STRIJD	ELAND
BLAUW	PROCES

Puzzle 10

```
E V I L V C K O I S C O B A U
J L E T C A X E D B A N U D D
S O K N X Y J A E O M T I E D
U D L E S T H T E U P H T L C
B M K M W T F A I W A U E A G
Z G U E S U E O D E G L N A S
I L F D G Z Q R R N N L S R B
O G E A N A D C N R E E H E M
A A R D I G E I G E N N U E C
Z E I Y D Q Y F N Q U E I T O
L A L U U I P G A O Y D S B V
C R N F O O P M A H S G W A B
F T I U H S U O P E N E R A S
P G T S G R P J W N M D G R T
```

OPENER
CAMPAGNE
EETBAAR
BUITENSHUIS
ONTHULLEN
PUPPY
IDEE
ADELAAR
ADEMEN
HOUDING

ELKE
HAD
EIGEN
EXACTE
LIVE
BOUWEN
SHAMPOO
BUSJE
VENSTER
AARDIG

Puzzle 11

```
K G R Y F T K C V V X T S U Q
L A T N A A B Z M O V Y T U R
A D X O V R R B N L F W O W U
S S Q O O X E I S U L C N O C
H N U M O A I D I M S H T P W
U E O M R N O E N E U V S L E
K O T S K G O I V O J R F U D
R W I I E A M L O T T E R T S
A F Ë Z U L S T R O O K W S T
N N N N R N E D N E G L O V R
T Z T D W L T M H I S S F D I
D I S T R I B U E R E N G G J
K A S T A N J E S H X B Z Q D
V Z B F E B E S C H E R M E N
```

WOENSDAG	KASTANJES
AANTAL	VOORKEUR
KRANT	QUOTIËNT
HEMEL	WEDSTRIJD
MOOIE	OTTER
VOLUME	OOM
BESCHERMEN	LIED
DISTRIBUEREN	ONDER
VOLGENDE	STROOK
KLAS	CONCLUSIE

Puzzle 12

```
B  X  I  L  W  B  P  W  A  V  F  A  I  Z  V
L  F  J  C  R  N  E  T  O  G  E  G  N  O  A
F  O  S  O  Y  O  K  S  I  P  U  X  K  N  M
S  O  R  R  Y  O  J  L  L  U  Z  T  T  D  P
S  U  K  G  K  R  I  D  A  I  G  H  V  A  I
M  A  A  T  X  K  L  U  C  G  S  S  I  G  E
W  A  P  E  N  P  K  W  H  E  E  S  S  Q  R
G  J  P  R  V  P  N  K  A  B  L  R  E  E  A
V  R  T  N  E  M  I  T  R  O  S  S  A  N  X
D  D  O  L  C  W  N  E  R  E  O  V  R  E  V
B  P  P  E  V  W  O  Z  A  C  H  T  E  D  Y
F  X  C  V  I  Z  K  T  I  M  I  D  E  D  C
O  B  S  E  R  V  E  R  E  N  B  K  E  I  O
R  E  S  O  U  R  C  E  E  I  Y  D  K  M  K
```

OBSERVEREN	IJS
GEGOTEN	LAGER
MAAT	WAPEN
ASSORTIMENT	SORRY
TIMIDE	ZACHT
ZONDAG	INKTVIS
RESOURCE	BESLISSEN
KROON	VAMPIER
VERVOEREN	GROEI
MIDDEN	KONINKLIJKE

Puzzle 13

```
Q N E V O L R O O R E V H S K
N O E X Z B O N E P O L A N E
H E D G I U S T V Z J U M E R
F W I B N W Q S A Y L J B E K
T U L P E I H T D D F U U U O
U A I K D K D A J D O O R W C
O T A W N L N A S T E R G V E
R N S U E A I N A P N R E L A
K E U G I S E P L A T Q R O A
L E S G R S M O A U X O Z K N
N R V P V E A Z E E P G E B Y
N Z S E E T N Ë I D E R G N I
N P Z G R C D E O G S A W M V
M O D V Z I T Y R M X M T O F
```

STER	INGREDIËNT
LOPEN	VRIENDEN
KERK	OCEAAN
ONTSTAAN	HAMBURGER
DINGEN	SNEEUWVLOK
TULP	NIEMAND
ROOD	WASGOED
KEVER	VEROORLOVEN
PLAT	KLASSE
RESPECT	ZEEP

Puzzle 14

```
S  G  M  Z  C  E  H  W  R  K  U  D  D  E  T
I  T  V  O  U  W  E  N  Q  W  M  F  S  D  R
E  B  O  W  V  S  F  H  E  D  C  O  N  R  O
R  D  E  O  K  I  L  X  C  I  G  O  E  I  P
L  W  E  R  R  S  C  H  O  E  N  H  E  E  I
A  I  S  R  E  N  O  O  H  H  I  L  U  H  S
M  A  N  Q  T  I  I  I  O  R  L  A  W  O  C
S  T  E  L  U  I  K  S  C  A  R  E  B  E  H
B  A  L  L  O  N  G  T  K  A  E  B  A  K  Z
C  B  E  B  E  P  Z  A  E  W  E  S  L  N  H
T  Q  T  X  H  F  T  A  Y  V  L  E  P  R  J
Q  S  S  L  R  Z  O  L  L  D  C  H  L  C  C
D  G  K  W  X  H  I  P  A  B  H  R  K  T  B
E  C  O  N  O  M  I  S  C  H  E  V  Z  X  G
```

TROPISCH	SCHOEN
DRIEHOEK	KOE
BALLON	LAM
STELEN	WAARHEID
REIS	HOOFD
HOCKEY	DERTIG
KUDDE	VOUWEN
SNEEUWBAL	ECONOMISCHE
PLAATS	BEREIKT
LEERLING	STOORNIS

Puzzle 15

```
J  W  H  E  E  O  Z  B  N  A  O  Q  Z  N  E
K  T  A  P  E  H  L  L  J  D  N  U  U  A  I
D  L  P  U  X  E  A  K  A  W  Z  Z  I  U  G
E  I  G  E  N  L  I  J  K  N  E  U  D  W  E
G  H  W  Z  F  A  C  T  O  R  G  A  E  K  N
L  E  Z  E  G  T  E  M  B  L  F  M  N  E  A
I  A  Z  K  C  M  T  C  S  J  M  I  W  U  A
F  I  Q  O  S  H  S  O  W  B  D  D  S  R  R
P  U  B  W  N  T  R  O  P  X  E  D  N  I  H
B  L  O  E  D  D  E  B  L  A  D  A  A  G  U
J  R  A  A  T  N  E  M  M  O  C  G  P  H  I
G  E  S  C  H  I  E  D  E  N  I  S  O  E  L
V  A  F  K  O  R  T  I  N  G  D  X  N  I  D
A  O  C  V  F  B  C  C  S  Q  J  X  Y  D  E
```

STEM	MIDDAG
GESCHIEDENIS	EIGENAAR
AFKORTING	LANG
GEZOND	PONY
BLAD	EXPORT
METGEZEL	HUILDE
ZWAK	BLOED
FACTOR	COMMENTAAR
NAUWKEURIGHEID	ZUIDEN
EIGENLIJK	EERSTE

Puzzle 16

```
H C N M O U W G M B Q V N A L
A E S U S T G W O N K A A C U
F R R X Q G R V T T K N T H I
L Q E I Z E L F E Q D B U T S
E R T E N Z R H L M P L U E T
I O S L K N G I E B I V R R E
D K E E D R E P J I L S L V R
E I W G N L G R V M T A I O E
N E G E I L V G E I A A J L N
M E N S E N W R N N O S K G X
P O E D E R A A R D B E I I W
P R A C H T I G E L T E Z N P
A I D W S I N E G N A V E G Q
I J J C G B E K E N T E N I S
```

SLIJPER
GELEI
NATUURLIJK
MOTEL
AARDBEI
RIJM
PRACHTIGE
MENSEN
BEKENTENIS
WESTERS

POEDER
AFLEIDEN
HERINNEREN
LUISTEREN
VAN
ACHTERVOLGING
VLIEGEN
GEVANGENIS
ZEGT
ZELF

Puzzle 17

```
B  Z  T  E  R  R  Z  K  W  P  M  A  L  T  K
N  U  T  H  C  A  R  K  E  T  R  A  A  W  Z
E  F  N  O  D  C  Z  O  O  K  A  N  B  F  T
Z  I  Y  Z  E  I  I  L  T  X  W  K  L  W  H
J  N  F  H  I  P  E  A  A  G  F  O  O  I  E
I  A  E  R  J  N  T  A  P  D  N  M  K  L  R
W  A  L  V  I  S  G  T  B  E  E  E  K  G  M
E  H  E  D  V  H  E  I  I  N  D  N  E  J  I
B  K  B  Z  O  P  E  P  G  G  E  Q  N  R  S
L  N  B  C  L  E  L  A  N  Q  L  W  R  H  C
S  I  U  M  P  Z  L  K  D  F  E  W  Z  J  H
B  R  D  S  F  F  J  U  D  K  G  H  U  Q  R
Z  P  G  E  D  R  O  O  G  D  E  Y  P  C  C
D  S  F  T  E  E  T  P  U  S  I  M  F  R  B
```

SPRINKHAAN	WARM
DOEL	LEEGTE
GEDROOGDE	BEWIJZEN
DUBBELE	ZWAARTEKRACHT
MUIS	WALVIS
GELEDEN	OOK
AANKOMEN	WILG
BLOKKEN	BUNZING
LADE	THERMISCH
LAMP	KAPITAAL

Puzzle 18

```
Z  S  N  Q  M  G  W  V  T  K  Y  B  G  V  O
H  F  T  F  Z  A  P  Z  A  O  T  U  E  O  V
G  U  X  V  P  T  S  N  S  D  I  Y  C  O  E
M  A  A  N  D  B  O  K  R  L  E  A  O  R  R
K  R  V  I  J  F  T  R  E  D  T  R  N  Z  L
P  O  S  I  T  I  E  V  E  R  I  U  T  I  E
P  G  Y  Z  P  S  X  P  Z  B  R  Q  R  E  V
L  N  J  I  H  C  S  E  N  N  O  Z  O  N  E
U  X  J  W  N  P  H  E  G  L  T  K  L  O  N
I  M  W  R  E  U  C  X  Y  E  U  O  E  G  E
Z  E  X  T  D  R  V  I  K  P  A  N  E  A  V
I  E  J  V  F  I  K  O  F  E  X  I  R  W  E
G  R  E  D  R  E  V  E  W  L  U  N  D  O  Z
H  V  I  C  S  D  L  B  N  A  S  G  B  C  P
```

POSITIEVE	HEG
MEER	WAGON
GECONTROLEERD	MAAND
ZONNESCHIJN	MASKER
VIJF	WERKEN
VOORZIEN	VERDER
VADER	ZEE
PLUIZIG	AUTORITEIT
LEPEL	ZEVEN
OVERLEVEN	KONING

Puzzle 19

```
B  V  J  F  V  R  O  L  I  J  K  J  Z  R  B
U  R  G  O  R  T  E  E  Z  I  L  N  O  E  I
Y  E  N  R  T  A  L  R  I  J  K  E  R  G  N
J  E  I  M  P  I  K  K  E  N  N  E  G  E  S
M  D  D  E  X  L  L  A  S  M  L  E  L  P
S  Z  N  E  R  U  B  B  E  R  J  L  N  A  A
U  A  A  L  Z  W  A  N  G  E  R  A  E  J  N
L  A  R  S  J  X  H  M  B  K  L  R  I  M  N
E  M  B  L  F  D  P  I  J  T  I  V  T  O  I
N  I  R  A  N  S  Q  R  Y  V  A  K  C  C  N
T  N  E  G  A  E  I  T  I  L  O  P  K  C  G
Z  J  V  W  Q  R  T  W  K  J  S  U  I  E  C
A  V  E  R  M  O  G  E  N  Z  S  X  Y  J  R
U  I  T  S  T  E  L  L  E  N  V  Z  S  G  T
```

VERMOGEN	ZWANGER
ZORGEN	PIKKEN
TALRIJKE	VROLIJK
VREEDZAAM	INSPANNING
ALLEEN	PRIJS
VERBRANDING	SLA
POLITIEAGENT	FORMEEL
UITSTELLEN	KIKKER
TIEN	RUBBER
TAPIJT	REGEL

Puzzle 20

```
L G X O G B U L H F E S R T S
B E C Z O I Y G W M L T Y T O
E L R E O B R G C P E R S I O
V D N A Z E R G E N S A N E R
R G E V A E N L Z F I A O N T
I Y I X X R E D N A G T E D O
E R Z J D K W J A I Q D P E F
Z L E F T N E G I L L E T N I
E Z G O I M W Z E Z E H A S E
N E T R O T S N I W K Z D L W
I C T G N E D U O H E G J O R
Z O N N E W I J Z E R L B O A
J E X T R E E M H V B U D T K
N I E T A V X B H N D Q T I M
```

INTELLIGENT	TIENDE
ZONNEWIJZER	NIET
GEHOUDEN	KARWEI
BOER	BEVRIEZEN
SNOEP	SOORT
LERAAR	GEWELD
SLOOT	GEZIEN
EXTREEM	ZAND
INSTORTEN	ERGENS
STRAAT	GANDER

Puzzle 21

```
C W Q D D E R N Y R E T H C E
H I U T U V E B O N D B V I M
O N F B B Y A P E D I E O R G
C K K W R S C A J Z I C L C K
O E A O J T T S P U Q G Z U M
L L M V K R I U O M W P I L S
A I B L A E E S Q O M Y V E L
D V I I A N N P O P S G N R U
E R T E R N O I R J L T K E I
Z L I G D I C N U Z R H E N P
J L E T J R X A F O C U S N A
J K W U Z E K Z A C H T E R A
P F Q I Z H J I K L E I N E R
S X E G N E R E T E B R E V D
```

LUIPAARD
NODIG
VERBETEREN
ECHTER
WINKEL
CHOCOLADE
KLEINE
FOCUS
VLIEGTUIG
CIRCULEREN

DRAAK
SPINAZIE
ACHTER
REACTIE
HERINNERT
KOKEN
AMBITIE
OOSTEN
SLIP
GROEIDE

Puzzle 22

```
A  L  A  T  E  R  L  P  N  V  T  A  K  E  Z
R  M  L  J  I  M  E  T  V  A  X  P  N  L  R
F  N  E  N  E  I  D  N  I  L  C  P  E  F  F
E  E  E  R  S  T  N  S  Q  S  E  E  R  T  W
Z  D  N  M  I  C  A  F  L  E  Q  L  E  F  C
B  J  O  R  U  K  H  B  K  Y  A  N  C  D  I
U  I  I  E  P  S  A  R  N  E  T  T  I  K  Q
R  M  S  D  T  C  M  A  E  U  L  H  F  M  C
G  R  S  D  O  V  M  S  N  E  P  P  I  N  K
E  E  E  I  F  R  U  Q  B  S  U  Y  T  V  V
R  V  F  R  O  D  P  X  U  O  E  W  N  Z  T
N  S  O  F  O  C  S  P  R  E  U  K  E  W  E
A  A  R  B  E  S  T  A  A  N  K  R  D  N  J
E  A  P  Y  Z  N  J  P  B  W  Q  I  I  Y  P
```

BESTAAN	SCHREEUWEN
KITTEN	VALSE
MIJL	KAT
DORP	BURGER
SPREUK	INDIENEN
PROFESSIONEEL	LATER
IDENTIFICEREN	KNIPPEN
VERMIJDEN	AMERIKAANSE
APPEL	HANDEL
ELF	RIDDER

Puzzle 23

```
F  K  K  Q  D  R  K  H  A  M  E  R  D  V  W
V  J  P  O  A  R  K  Z  S  K  S  M  H  X  A
C  R  P  R  E  T  H  C  E  R  D  S  I  K  N
L  L  N  A  U  L  T  W  C  H  N  A  A  Y  H
G  N  I  L  A  D  K  S  C  K  A  R  B  Z  O
S  N  O  P  O  Y  I  A  U  E  L  S  C  S  P
M  I  E  R  S  J  H  A  S  G  N  P  E  T  I
H  A  A  S  J  R  C  G  P  T  E  I  F  I  G
L  A  N  D  H  W  S  A  T  G  T  N  R  J  T
N  C  F  E  S  D  E  L  K  J  I  Z  O  G  R
V  O  R  M  S  I  G  O  P  C  U  Y  L  I  O
H  W  X  S  Y  T  M  P  N  J  B  I  E  N  O
G  E  I  E  R  Z  O  G  E  M  B  E  R  G  S
D  G  R  B  M  Q  H  B  W  K  O  V  D  U  T
```

WANHOPIG	BUITENLANDSE
TROOST	DALING
MIER	LAND
GALOP	RECHTER
BOTSEN	HAAS
BRAK	CLIPS
SUCCES	GEMBER
HAMER	GESCHIKT
VORM	SPIN
STIJGING	KOELKAST

Puzzle 24

```
D  I  C  H  T  B  I  J  V  T  Y  F  P  H  G
T  Y  D  Q  N  X  U  F  H  O  N  S  O  A  T
S  A  R  R  V  Z  I  Z  K  D  E  V  S  N  R
P  R  U  I  M  O  S  U  N  E  N  E  I  D  V
P  N  A  P  L  O  U  T  E  R  N  E  T  H  I
T  E  I  M  I  L  W  S  O  W  E  R  I  A  N
P  E  P  O  O  K  N  A  A  O  K  T  E  V  G
Q  R  W  E  C  P  F  A  L  F  R  I  N  E  E
R  E  P  X  R  Z  J  H  Y  B  E  G  G  N  R
E  D  Z  E  F  P  N  E  U  O  H  B  E  P  F
E  E  P  M  N  I  X  G  I  R  C  V  I  X  C
M  I  J  T  V  E  R  W  A  C  H  T  T  U  I
T  A  N  D  E  N  B  O  R  S  T  E  L  U  F
P  O  O  R  T  F  E  E  H  S  E  W  M  A  A
```

POSITIE
HERKENNEN
IEDEREEN
LOUTER
AANKOOP
TANDENBORSTEL
GEIT
POORT
GROOTS
VERWACHT

VEERTIG
LIMIET
GEHAAST
HANDHAVEN
DICHTBIJ
ONS
VINGER
PRUIM
PEPER
HEEFT

Puzzle 25

```
R P R A T E N B J J E U D I A
N E R O H E B A E V X T H N V
W G S J I W C L P I G X K P O
F A B U N E G A R D J I B U N
W A K J L N E S T I P E R T T
V Z T K W T L X T C U V I N U
K K L A E L A G D H M V W A U
I D F B A R K A Y T R I P T R
O I H J R L Q J T Q R N I S L
E I N D C O N T R O L E Z N I
I N G E W I K K E L D M Z O J
D I N E R D O H J F L R A C K
B B L W S A E X Z T Y E G Z E
A M Z Q K R X T O F L T O Y T
```

WAKKER
EINDCONTROLE
RADIO
TERMEN
BEHOREN
CONSTANT
RESULTAAT
INGEWIKKELD
INPUT
DICHT

AVONTUURLIJKE
BAL
NEST
DINER
WIJS
PRATEN
FATAAL
PIZZA
BIJDRAGEN
ZAAG

Puzzle 26

```
O A C A C E V R E S E R R M A
H M C H T V H Z X P I T O Y A
Q O A T S Y M F P O E W T U N
L A D D E R P B E N S P S T N
M E R U T D K E D S S J V S E
G G Y V H E N C I E D L X Y M
O R K A N T T O T A K P Y O E
O O E N H V E N I P A U Z E N
G E O I R W K T E N P C E M G
F P H E J G S S H S B M N K W
G I E T E N T L R G Z O M I P
F X G N I S T A A L P R E V U
I N M O E B A A A J K F F A A
V Y T F F P G N E R R E T S R
```

STERREN   ONTSLAAN
AANNEMEN   CACAO
SPONS   OMA
PAUZE   OOG
TEKST   GIETEN
FONTEIN   VERPLAATSING
RESERVE   EXPEDITIE
ROTS   GROEP
TYPE   HOEK
KAN   LADDER

Puzzle 27

```
G E W V E U L A A T S T M N B
E C R E L P R O A G E G O T E
Z E R R L J L E O N T V T W S
I Q Y L E Y Y K N I V U O I C
C E D A N O M I L G F A R J H
H Z F N D J P Q A L C G L S E
T J N G I J P G K O V O I H I
T X W E G O Z J I V O O E E D
P T O N Q P Y R E N T B N I E
D I E H L E N S R E K N O D N
N U P A H C S N E E M E G W Z
A H C M M F Y O B P G G Q V E
M Z W H Y M X B B O J E L L R
B E S C H I K B A A R R V P V
```

MAND
OPEENVOLGING
GEMEENSCHAP
BEREIK
REGENBOOG
MOTOR
TEAM
GEZICHT
BESCHIKBAAR
LIMONADE

BESCHEIDEN
AANVAL
VERLANGEN
WIJSHEID
STAAL
WEG
SNELHEID
DONKER
UREN
ELLENDIG

Puzzle 28

```
C O N F L I C T S H Z R C H I
V E R L I E Z E N U A E V I N
K H H G E D R A G W I N E A S
P F T W O K Y G B E B K L A P
F I P L R D C J U R E S E J I
F D J O L Q E P I E N C B R R
C A O N T Y P T S L O H A E E
V T Y P L R L U T D E A I K R
W R F L Y I E R O B M P R E E
L E G M H Y J N Q O E E A Z N
V L N P S X E K E L N N V T C
J A B S I J S P E G E L S D U
O W E G R O O T V A D E R I L
J R W Z S H I E R P O R T I E
```

BENOEMEN	ALERT
NIVEAU	VARIABELE
WERELDBOL	WENS
GEDRAG	GROOTVADER
PORTIE	VERLIEZEN
BUIS	SUIKER
INSPIREREN	ZEKER
IJSPEGELS	SCHAPEN
TURN	HIER
PIJNLIJK	CONFLICT

Puzzle 29

```
R Z V W A M M Q L Z U U R E G
A G E W R P O T E S I P E F A
K I R U V E V Y G C I V P F S
E K L E I N D E L I J K A E B
T U O G T D F M P E G Z R C R
U L F B I E R F J D N E A T I
X S K A U B B I W Y E S T E L
O E F E N I N G E P Z G I N J
G C T P K A S T S U J S E Q A
B W F K R I T I E K I T H E N
V I J V E R Z X X X W O A P T
M B R A O R H A J Y R H Q F E
I D F E W O R D T S E H A A N
H O U T H Q O H G Y V E K F A
```

WORDT   BETER
KAST   POT
RAKET   EINDELIJK
DRIE   VIJVER
VERWIJZEN   SET
VERLOF   HAAN
EFFECTEN   KRITIEK
GAS   BRILJANTE
OEFENING   SNEL
REPARATIE   HOUT

Puzzle 30

```
C  B  B  E  K  E  N  D  T  X  O  S  B  V  F
D  R  E  L  U  M  R  O  F  N  V  P  O  N  R
L  U  E  E  I  X  Z  B  G  V  E  I  D  D  E
E  G  I  Ë  L  E  N  K  E  E  R  E  E  A  U
B  C  A  Z  R  D  X  K  B  R  H  G  M  A  O
E  Y  X  V  E  W  U  R  G  E  E  R  R  C
G  Y  N  G  S  N  N  D  U  I  I  L  R  J  O
D  J  U  N  O  Y  D  P  I  F  D  R  U  X  S
M  E  E  D  O  E  N  P  K  T  R  E  P  X  E
P  O  T  L  O  O  D  I  O  N  J  G  C  P  G
P  O  P  U  L  A  I  R  E  O  E  Z  X  K  R
A  C  T  I  V  I  T  E  I  T  T  I  U  R  F
V  E  R  N  I  E  T  I  G  I  N  G  S  A  G
Z  L  T  O  E  S  P  R  A  A  K  U  M  D  N
```

SPIEGEL	FORMULE
CREËREN	OVERHEID
GEBRUIK	POTLOOD
MEEDOEN	VERGIFT
GEBELD	VERNIETIGING
POPULAIRE	TOESPRAAK
ACTIVITEIT	DAAR
EXPERT	FRUIT
DUIZENDPOOT	BEKEND
BEELD	BODEM

Puzzle 31

```
G A A M E O L G H O O G S T E
V R Q S V G I N E K E I S Y F
E U O X D I W E Q W U X Y F R
R U T O N C F R E K O D M K S
W H R G T K H U L T T N A H F
I G A E G M B E J Q R J N T S
J R I T S O O B M A R F Z E N
D O N R S O A E T H C E L S N
E O I O S R E G D K O O R T S
R T N K N T D K P E Y X A D H
E S G K D S H C W B R V I S L
N T J E O K A R I B O E V J P
Q E W N H E R T E N V A W T M
P E R F E C T E E K H O O R N
```

MAAG
FRAMBOOS
HUUR
PERFECT
GROOTSTE
GROOTMOEDER
FYSIEKE
KARIBOE
GETROKKEN
TRAINING

KOORTS
SLECHTE
HERTEN
GEWONNEN
HOOGSTE
VERWIJDEREN
STROOM
VIS
EEKHOORN
GEBEUREN

Puzzle 32

```
T H C I Z D H P G W T Q E P M
L C M S G R S I B T E B N H B
D S F N C O J B E E T V Z I N
F I Z E D O E R A R L O O P A
Y M P G A G R O Z T O A L I L
E E I L K T B C M H N N N S U
Y D U O O E H C C S E S D G R
Y A X V O M Y O T A Z V K E X
L C C Z Q J A L K I J K J E R
G A L F U S L I X G I E W Z S
G E P R A A T U Q E W Y X S F
U N W E R D H F H V F M C F A
H A G E L X T L Z A A Y N Q J
S L A K O M B I A L H O E D G
```

GEPRAAT	HIERONDER
GEVAL	POOL
ZORG	DROOGTE
HAGEL	WERD
KIJKJE	VOLGENS
ACADEMISCH	OUD
BROCCOLI	LILA
BELANG	AFWIJZEN
ZICHT	SLAK
DIPLOMA	HOED

Puzzle 33

```
R  A  A  P  U  D  G  O  B  G  J  V  E  E  T
E  D  I  X  S  E  A  R  E  L  J  S  I  V  R
P  M  A  W  F  M  N  G  T  A  G  A  T  E  U
H  B  Y  A  E  O  A  A  R  N  V  N  C  R  I
B  E  Z  G  D  C  O  N  O  Z  W  D  E  W  A
P  O  E  N  E  R  L  I  K  E  C  W  L  A  X
S  G  O  L  R  A  I  S  K  N  Z  I  L  C  S
C  D  P  M  A  T  E  A  E  D  F  C  O  H  D
H  S  V  O  L  I  V  T  N  I  U  H  C  T  E
A  M  B  D  E  S  N  I  V  C  N  W  K  E  J
T  A  U  A  R  C  G  E  T  Y  C  R  A  N  U
Z  M  D  A  N  H  V  U  V  T  T  K  X  K  J
K  S  K  R  E  W  U  K  M  C  I  S  W  J  E
X  T  B  G  N  I  V  E  L  N  E  M  A  S  X
```

OLIE	WAKE
SCHAT	ORGANISATIE
DEMOCRATISCH	FUNCTIE
VERWACHTEN	WERK
BOOM	GRAAD
RAAP	COLLECTIE
SAMENLEVING	VEE
TRUI	HEEL
FEDERALE	GLANZEND
BETROKKEN	SANDWICH

Puzzle 34

```
N F W A N N E E R Q B O I P O
H C S I G A R T A J I T X E M
A N N E U K S C K P Z D K R Y
N P E I G I H P G C O Y N S A
T Y E R H N R W O M N S Z O G
W W U Z E D V T Y R Z T D O A
O B W J D S O E Q U T U D N B
O E K Z W U I F V W M D A L E
R T L G U G X R J S L I U I K
D O O K D B A K O E E E W J W
L G K R E M N E K T G N Q K A
R E J U G V N P H E U M I Q A
A N E M O M E N T O P A F O M
G Y S V E R K I E Z I N G R R
```

WANNEER	ANTWOORD
AUTORISEREN	STUDIE
GEDUWD	BEKWAAM
SPORT	BIZON
BETOGEN	KENMERK
ZOETE	NAM
SNEEUWKLOKJES	SENIOR
PERSOONLIJK	VERKIEZING
KIND	DAUW
MOMENT	TRAGISCH

Puzzle 35

```
J G B B C M G E B J W S P S H
U L A E A D I R M M W K X E D
J V D S R M D L O N E K E L R
B Z Q E R Q V F I E W L I D O
F I B F I Z Z C S E N S J E O
D C K F È K I V Q T U T F R M
E H E E R J W L Y M F G E I W
T T O N E R M A A H C I L J Q
A B Z E I T N E R E F N O C V
I A R N X W E V A T A T F W K
L A E L I N E R E L A N G I S
C R V O L W A S S E N A X K M
X I E R S C H O O L L D L I O
G E W O O N T E T E K E N E N
```

GROENTE   KWARTAAL
GEWOONTE   LICHAAM
TEKENEN   DETAIL
MILIEU   DROOM
TEEN   WIEG
BESEFFEN   VOLWASSEN
VERZOEK   SIGNALEREN
BAD   CONFERENTIE
SCHOOL   CARRIÈRE
ZICHTBAAR   SELDERIJ

Puzzle 36

```
O R U P H P T A A D I D N A K
O I E L J R N N P E N S E E L
H J Y O A O D A A D S I M B D
I D R T O D S L R N L P W X D
T E W S E U E Y K L O P W Y L
T N E E R C I S H X S G G P C
J F Z L V T R E V J I R H C S
E M E I A I E G Q Z K G J J B
D R L N R E T C O O Z E K Z V
P E K G I V S G E O S N U T J
Q D N J N O Y A H N G Q H Z R
L R Z K G U M A L J F H U J E
R E T A E H T N E K N A D E B
N E O C U N J L J H C D V K K
```

RIJDEN
ERVARING
ZOON
MYSTERIES
DENKEN
KLOP
GAAN
SCHRIJVER
THEATER
KEUZE

ANALYSE
HIT
PRODUCTIE
PENSEEL
EERDER
WEZEL
MISDAAD
KANDIDAAT
PLOTSELING
BEDANKEN

Puzzle 37

```
I V I N D U S T R I E Q E A F
Z M E E W T C O Y O T E U V E
W E A R P A R A G R A A F O L
P Y G N S N E M O B U O Z N I
Y U M L C I W M Y L J G E D C
E C G C W K E Z G R O E N M I
R I S T E M P E L L S X S A T
C A I B Y W E W R E T D C A E
V A P F J W E C Z J E D H L R
Q R I P W S K O T S E S U C E
N K R V O M S K R Q N U D D N
C W L L M R G Z V T H N D A V
I Z G T T T T E O M O S E R O
B E H U L P Z A A M F J N G O
```

STOK
COYOTE
INDUSTRIE
MENS
KRAAI
SCHUDDEN
BEHULPZAAM
FELICITEREN
KEEP
MOET

VERSIE
RAPPORT
AVONDMAAL
TWEE
PARAGRAAF
SOM
STEMPEL
ZEG
STEEN
GROEN

Puzzle 38

```
V I N G A D L B T Y K C W V R
S E P C V N E J I B O L P O P
T I R L J A G M A S S A D L R
I T E Z J Y F S N Z T A Z L E
N A W G E Z D S T Q E D M E H
G N T C L K F F T K N X Z D C
B G N I G I E N T A B F E I S
W S O J R J E R X Y N N L G O
V O E T I O L N E D X D F E K
P F W W F X E B F N R C S F K
O F U V S A B J J A N I S Z E
N M O R P W N V E R G A A N N
P Q R H L H O O Z T I N F J E
A Z T N E G J I T S P O N J C
```

SOKKEN	DAS
TROUWE	STRAND
VOLLEDIGE	NEIGING
ONBELEEFD	VERGAAN
AFSTAND	OPSTIJGEN
VERZEKEREN	ZELFS
VOET	ONTWERP
BIJEN	ZAT
ANGST	NATIE
KOSTEN	SCHERP

Puzzle 39

```
P R I V I L E G E S E V Y D V
H H Z N U E U S U J M O X E E
K O K I H G U H M N T S K F R
Z N B H N E L E D N A H W I T
Z D T X E K R Y B Q B O T N R
X E K K L N E R E G E N S I O
C R Y D A Q M N W E D R O Ë U
G D M I T Q E P I O B E H R W
E O O E Z L N G J R U U D E E
E Y R P X M K Q S V W B I N N
N U W D P U R J D U S A A Z V
S B E O I L E E I T N E S S E
M U N I R J W H X R O Q Q Z F
I V Z Y U P N R U E D A R P V
```

DIEP	NEGEREN
ORDE	EENS
DUUR	EGEL
ESSENTIEEL	VERTROUWEN
GORDIJN	HANDELEN
BEWIJS	DEBAT
VROEG	ZINKEN
HONDERD	DEFINIËREN
PRIVILEGE	VOS
RIJK	WERKNEMER

Puzzle 40

```
R  B  B  E  D  R  E  I  G  I  N  G  V  F  H
V  E  R  S  T  A  A  N  A  A  N  P  A  K  U
G  N  E  D  O  L  T  O  P  R  U  E  L  K  I
E  R  Q  E  A  Q  A  U  D  Z  A  L  D  O  D
N  O  I  A  A  S  A  R  G  I  E  Q  Q  U  I
E  O  N  T  N  B  H  N  Z  H  E  F  Q  D  G
G  H  F  U  G  I  D  Y  R  Z  W  N  J  E  E
E  S  Z  N  E  R  E  G  E  R  Z  I  S  R  I
N  U  C  S  V  M  C  E  F  J  V  K  A  T  T
H  E  V  L  E  R  U  D  E  C  O  R  P  J  P
E  N  T  F  N  F  N  J  Z  D  G  N  X  E  O
I  D  E  E  X  S  S  H  Z  E  E  U  L  D  A
D  V  N  X  K  A  Y  I  U  Y  L  U  P  K  I
Z  X  S  D  Q  V  E  I  L  I  G  H  E  I  D
```

AANPAK
KLEURPOTLODEN
PROCEDURE
BEDREIGING
DIENST
KETEN
AANGEVEN
HUIDIGE
GRAS
REGEREN

RIT
HAAT
VERSTAAN
VEILIGHEID
NEUSHOORN
ZAL
GENEGENHEID
OPTIE
VOGEL
OUDER

Puzzle 41

```
K D P J T I M M A A L T I J D
W O X A A O Y N O T O E W E L
A K C A M I D Z K R V V C I E
R V L R E G I E R F A U C S N
T N E L E D N A H E B N N E O
E R N I T O E G E V E N J N R
L O U J T E R W I J L B U E M
Z U T K G E V A A R L I J K E
L E Y S L R T V E R G E V E N
B B T E K J I L E W U O R V P
X H E T W N T Z A T A P E R L
H M Q S E U Q N A H J D Y B A
S A M E N N G Z F K E U Q P N
S A M E N V A T T E N G J B T
```

TOEGEVEN   EISEN
KWARTEL   VOL
VERGEVEN   SAMENVATTEN
ZETTEN   REIGER
MAALTIJD   TERWIJL
GEVAARLIJKE   PLANT
TAPE   VROUWELIJKE
SAMEN   JAARLIJKSE
GEHALTE   ORANJE
BEHANDELEN   ENORM

Puzzle 42

```
N C R E D N O Z S S K G O O S
O L Y I E O T S E R B T K E A
P B X M R O Q J R L I F M Z J
K A T O E N V C I N E V P X O
F R R N P U E S E J X E Q V N
D R O O H E G R W C A O U Z G
O T N C U C D R E E L E G W E
T P Z E B R E U K D I G Y M N
I L I R B E N N O Z A D C B S
C N E G I Z J I W P X L E M Y
C O K R V C K O P E N S B J H
F E T P O T S E G G S N J T G
X N E T R O O S F I H K C A Q
F E E S T J E S G E I S R H H
```

GEHOORD
ZONDER
SERIE
JONGENS
GELEERD
LEEUW
REST
BREUK
ZONNEBRIL
KATOEN

FEESTJES
WEIDE
ECONOMIE
PER
GESTOPT
ZIEKTE
SOORTEN
BLADEREN
WIJZIGEN
KOPEN

Puzzle 43

```
H E A J P H S T E D E R H Q X
A S S E E C W A B E V L S G V
A C D N V N Y D R R G A Z H E
S H N E R E C I F I L A W K R
T O O L G N R U L A J N S V L
E R F E E J B L A M D O C E I
N T W Z R I O E A O B I H R E
H E W R E W F G W T Y T I G S
X U I A C D J R T A E A L U L
M Z I A H R O F E I F N D N G
S G N L T E X K B T I F P N E
O U A L E V T F S Z O E A I W
T O A S H N G F O R Q I D N T
S S M J A S P M U M M I E G D
```

VERGUNNING
TEDER
FRET
HAASTEN
ATOMAIRE
TWAALF
NAAM
FONDS
KWALIFICEREN
SCHORT

AARZELEN
HUILEN
VERLATEN
NATIONAAL
SCHILDPAD
GERECHT
VERDWIJNEN
MUMMIE
VERLIES
GELUID

Puzzle 44

```
O S X I M E E T S Y S U A E L
C E N T E R U Q Z V C N B E Y
X L D Q Z R C D N E H J S N R
N A M R E E W D N A R B O Z M
N U R W T C V N E V E L L A T
E E O S F J D W D S E L U A X
R O T S O W D Y N C U B T M S
A C I J L A A T E B W Y E B C
B N L O E W K E Z V I E L E N
I J G W B S X G I L I E V J Y
E W K C E U B S U S B O T E R
O R S K Y F A P D B S H Y J N
L B W R M F W I E L G I N G X
V E R P L A A T S E N P M Z H
```

VLOEIBARE
SCHREEUW
BOTER
TAAL
SYSTEEM
EENZAAM
MISSIE
CENTER
GING
ABSOLUTE

NETJES
LEVEN
WIEL
VEILIG
RUN
VIELEN
BRANDWEERMAN
DUIZENDEN
BELOFTE
VERPLAATSEN

Puzzle 45

```
P  Z  V  D  S  O  H  U  I  H  V  B  I  Z  Y
M  L  C  W  T  S  R  U  W  A  O  E  M  O  N
Q  K  A  W  M  V  C  J  W  W  O  P  I  N  E
R  U  K  N  H  C  W  G  J  L  R  A  T  N  B
E  I  A  Y  T  N  A  Z  A  F  B  A  E  E  A
D  T  H  K  H  E  R  O  C  S  E  L  R  B  A
E  Z  A  B  C  P  N  C  M  O  R  D  E  L  N
N  I  K  E  I  T  E  L  T  A  E  E  N  O  B
M  C  V  J  W  W  R  G  D  J  I  P  Z  E  Q
A  H  R  U  E  G  X  L  Y  Y  D  M  D  M  N
K  T  E  F  G  Z  T  N  E  M  E  N  E  V  E
E  A  I  N  I  F  K  A  N  S  N  T  X  T  C
N  P  B  B  E  L  E  I  D  R  A  A  W  Z  I
H  J  A  U  D  I  T  I  E  I  O  I  B  N  H
```

BAAN	GEWICHT
IMITEREN	BEPAALDE
PLANTEN	FAZANT
KANS	UITZICHT
BIER	VOORBEREIDEN
SCORE	MAKEN
EVENEMENT	ATLETIEK
GEUR	AUDITIE
ZWAARD	ZONNEBLOEM
BELEID	REDEN

Puzzle 46

```
J M W X N L A V F A E P R V I
O G X L H E C U L T U U R R A
K J O P I Z N R X E T C S E T
O L M M W E L C G I T O P E H
O K E G K N E T I U B M E M E
K W A U E L A N D E N M E D O
N H N X R G O U D M V I L S R
X I L L A R O O V E F S S T I
Z L E U P Y I W E E D S O E E
C Q L U I D K J B S I I D O C
F M N E W W D J K T G E P O P
G E L U K K I G C E K R T M Y
T S C H A A R S B R R G M G B
W A T E R S C H O O N E E H Q
```

AFVAL	POP
CULTUUR	GELUKKIG
VREEMDSTE	SPEELS
KOOK	WATER
NIEUW	MEESTER
GOUD	COMMISSIE
BUITEN	THEORIE
SCHOON	KLEURRIJK
LEZEN	SCHAARS
ELANDEN	VOORAL

Puzzle 47

```
T Q M V T G E X S C H K K I Y
H R Y R E H D P S C T Z K Q T
E R E K J I L E G J H D A T S
M P H R Z I E K K X F E E L S
A P N S D M T G E H F E M A V
J E Z E L F S J H F S R K A E
S V V N C A R Y B U R B J L R
S R U E T C E R I D C F I E B
T E Z N O U D O P E N I L U I
E V V N Q Z N N T A R W E G E
V L C I I E O W I N S T D E D
I I G G O R R A K K N Y I N E
G Z A E I N E V E G E G U O N
Y R T B L O V J Y E U W D Q X
```

STAD
ZIEK
OPEN
DIRECTEUR
JEZELF
WINST
BEGINNEN
BREED
ZILVER
STEVIG

THEMA
GELIJKE
DUIDELIJK
TARWE
GEGEVEN
VERBIEDEN
LEUGEN
VERONDERSTELD
SLEE
SCHEMA

Puzzle 48

```
R  H  C  S  I  T  K  A  R  P  O  A  P  X  V
S  O  D  P  E  C  I  D  E  G  P  C  U  O  J
V  B  O  K  K  A  L  C  D  E  N  C  B  K  G
V  T  K  D  G  T  B  U  L  G  E  E  L  O  U
V  E  F  K  B  N  E  T  E  W  M  P  I  M  H
E  P  R  P  M  O  B  E  O  E  E  T  C  E  Q
R  X  E  G  W  C  R  I  V  Z  N  E  A  N  O
M  T  V  Y  E  U  W  S  O  R  M  R  T  A  Z
E  T  C  X  O  T  Z  N  T  L  F  E  I  H  O
L  I  P  F  Q  W  E  R  A  J  O  N  E  I  T
D  T  V  A  P  R  C  N  J  T  E  G  X  F  I
I  E  V  E  R  H  O  G  I  N  G  S  I  L  J
N  L  C  O  M  P  L  E  X  W  I  G  M  E  D
G  X  O  P  R  O  E  P  K  L  E  D  I  N  G
```

VERMELDING	VOELDE
CONTACT	COMPLEX
ACCEPTEREN	PUBLICATIE
TITEL	BIOLOGIE
VERF	OPROEP
VERGETEN	ROODBORSTJES
BLIK	WETEN
VERHOGING	KLEDING
PRAKTISCH	OPNEMEN
TIJD	KOMEN

Puzzle 49

```
S H O W N P K Z E F P H D J C
A R M V E R H O G E N E H D A
F R E L I G I E U Z E R N R D
R U E T N O M I I K G V E O E
J O K K E T S M O K E O T W A
V O O R K O M E N K M R S N U
A G B X J X F R A V A M R E B
N G K J I L R E E H K I A R K
E W S P L J I Q E L W N B E Q
M O N C E H S A H U J G A G S
O B E B G I R S C H U L D I G
O E T E R X H H U J L J M V B
N Z H P E R S O O N M P V A F
A X Z N V F T A D M O V D N U
```

GEMAK
PERSOON
OMDAT
RELIGIEUZE
ARM
VERHOGEN
NET
BARSTEN
VOORKOMEN
CADEAU-

HERVORMING
SCHULDIG
ANEMOON
VERGELIJKEN
MONTEUR
DOUCHE
TOEKOMST
SHOW
NAVIGEREN
HEERLIJK

Puzzle 50

```
L  B  M  E  L  Q  S  H  G  C  O  J  J  K  P
W  O  O  A  N  S  P  X  E  H  K  P  F  S  M
P  E  T  Y  A  I  I  V  G  B  T  A  F  E  L
K  K  R  A  P  N  T  L  A  X  B  Z  R  U  E
Z  E  F  W  E  E  S  B  C  Z  U  E  A  N  W
S  N  J  I  W  R  M  Q  I  P  C  D  N  W  F
B  K  F  T  C  E  U  L  R  M  E  L  K  I  O
E  A  B  E  D  T  I  L  B  O  C  C  Y  E  O
R  S  R  R  X  R  S  H  A  L  D  Y  L  N  L
G  T  X  B  P  O  I  E  F  E  N  È  C  S  W
T  G  L  U  E  S  F  U  I  K  Y  E  W  F  Q
R  N  E  P  P  E  H  C  S  R  E  D  N  O  I
B  E  T  R  E  K  K  E  N  I  T  M  O  C  S
S  T  I  L  T  E  W  H  H  C  M  J  B  N  X
```

SCÈNE	OFWEL
MAAN	PARK
FABRICAGE	BETREKKEN
BOEKENKAST	CIRKEL
MELK	BED
BERG	ONDERSCHEPPEN
TRIEST	STILTE
WIENS	WIJN
TAFEL	HEBBEN
SPITSMUIS	SORTEREN

Puzzle 51

```
M W H M D F R M P X H A U X O
O L M E I O O M A C X B R B U
N Y F V B D S W T A Z W E E D
D O C R O I D P I F R J D T I
M O R E E L N E S P E L U N E
H I E L D X F N L B X Z O A H
S Y N E G E O V E O T V R K G
R T Q N D G Q H C N T T O R I
G E L U K M Q C R M K I O E D
V E R S C H I J N I N G V I R
X B V A N G S T V P M E P V A
V O O R W A A R D E J C O Z A
H O O F D S T U K A A C I W V
K A A R T D O B C J Q H L K U
```

MAAR
MOREEL
GELUK
HOOFDSTUK
MOOI
MOND
TOEVOEGEN
KAART
VIERKANTE
MIDDEL

CEL
VERSCHIJNING
VAARDIGHEID
BINNEN
VANGST
VOOROUDER
HIELD
VOORWAARDE
ZWEED
SPEL

Puzzle 52

```
I  F  S  M  P  K  A  R  E  N  A  W  P  Q  O
Z  W  A  A  N  R  A  P  H  P  W  T  L  E  N
Z  L  T  K  H  C  O  N  W  D  C  V  A  V  R
U  F  S  K  J  S  F  G  A  N  O  T  S  M  E
Q  U  E  R  W  T  E  N  R  R  E  G  T  E  G
H  I  O  X  Y  Z  N  U  O  A  I  Z  I  I  E
L  L  W  Q  U  N  E  G  R  O  M  E  C  S  L
D  A  I  K  D  T  R  F  J  H  V  M  O  J  M
S  R  A  M  M  Z  E  S  D  E  O  K  A  E  A
V  E  R  K  E  E  R  D  E  D  E  V  D  S  T
U  J  U  R  O  D  A  B  O  Z  T  I  R  M  I
X  C  M  L  R  L  P  B  P  D  B  S  F  A  G
G  N  I  N  E  K  E  R  Q  W  A  I  A  P  N
V  F  Z  B  B  Y  R  R  V  D  L  E  T  V  E
```

KANARIE	BEROEMD
MORGEN	ERWTEN
LOKAAL	VOETBAL
MEISJES	NOCH
REKENING	UIL
VERKEERD	ZWAAN
ARENA	PLASTIC
VISIE	ZESDE
ONREGELMATIG	WOEST
PROGRAMMA	REPAREREN

Puzzle 53

```
P R O F E S S O R Y G F K K V
T E M P E R A T U U R E E R X
D O O N C B N E T E M X V Z H
C Z N E J U R G P G Y O E E A
W A A R S C H I J N L I J K N
W O H E L A G L H I D E J H Z
L N U S E U S L O R I P T P W
J D W I E T F I L E S E F O N
I E E N T E S W T D C R E K H
B Z L A N S K J E A U I W I K
R E I G E B Q I I G S O A A C
O M J R M Q C R X R S D G P L
O W K O O Q E V V E I E J D H
V I T A M I N E N V E F U B M
```

DISCUSSIE
PROFESSOR
GEVEN
KIWI
VRIJWILLIGE
VITAMINEN
WAARSCHIJNLIJK
PERIODE
VOORBIJ
KOP

HOLTE
MOMENTEEL
METEN
HOTEL
HUWELIJK
RIJST
VERGADERING
TEMPERATUUR
ORGANISEREN
DEZE

Puzzle 54

```
V R I J G E V I G H E I D Q B
L R V E R L E N G E N H Y W G
C A T E G O R I E C M O K E E
C M O N D E R S T E U N E N B
U E M E B H C D W X Z R R E R
L N O M M C Y P N N E P T I A
T T L E H S Q U I N X S W T C
U A E L M I U N P A G I N A H
R L N B K T K T C A W U E L T
E E L O M N S I M G R R L E S
E R E R L A T G F R V T E R W
L B Y P Z G W R Q O E B O V U
T J H J K I D K U O L M V B T
R A G L F G M Z V D T C T Z T
```

PROBLEMEN
MOLEN
GEBRACHT
CULTUREEL
ONDERSTEUNEN
VOELEN
KWAM
TRAP
TRUC
PUNTIG

RUIS
DOORGAAN
GIGANTISCHE
MOK
CATEGORIE
VRIJGEVIGHEID
MENTALE
PAGINA
RELATIE
VERLENGEN

Puzzle 55

```
U D C G R N X G O C N M F B B
N Q I H W X G F U B D N X E E
I S I D E G A H D Z Y E V D R
F S D F E N A L E N E D C R E
Q B U Q K I R I S J D U C I I
Z B N N E W V A H B R O N E K
D C R O R S C T V O O H Y G E
P G Y X T A J K G E B E M E N
T A X I R E E C K M R B U N T
B L E N E N P O I K P D Y M V
S Y V G I A Q C J F X G I G C
T O Y O P R E W R E D N O C H
B G V I A L E S M G T M N T T
H Z Q C P S L A A P K A M E R
```

COCKTAIL	ONDERWERP
SLAAPKAMER	VERDICT
HAGEDIS	TREK
VRAAG	IRIS
BEHOUDEN	HOBBY
TAXI	LENEN
SWING	WEEK
OUDE	BEREIKEN
BORD	BEDRIEGEN
BRON	PAPIER

Puzzle 56

```
S O O L N I Z W J N J T D Y S
U C T E R E S T A U R A N T O
I I R E M O K E E W K Q E U I
T S O N N N E K R A V Z A H
S I X A D F C A R S G A X C A
T R F K P K V U L B E B Q T U
E F L E Z H C I Z G T H A I R
K C E H A M S T E R E R S E R
E P X A A N D A C H T M E V J
N R I P A R T N E R K H E E O
D T B E M S A Q N B V L M N T
E J E C Y O N K O O I A W O E
G N L C O M M E R C I E E L V
U L M L D B R F Q H V C P S J
```

HAMSTER   KWEEK
PARTNER   UITSTEKENDE
ZINLOOS   HUN
ZICHZELF   ACTIEVE
RISICO   KOM
COMMERCIEEL   RESTAURANT
BREKEN   ALGEMENE
KANEEL   FLEXIBEL
KOOI   ZEND
AANDACHT   VARKEN

Puzzle 57

```
V N E S K O B U M C H S D Z W
S T E I T A N I B M O C R X E
E E X R E A G I Z E W N A A B
D R G G I X D G R I J S A E H
T U E Z R S N I L Q G H D O L
I G N N O R O N U A H L X K M
N S O L V H V E K M A H I G J
H P E D A K A R E L I T E O V
E O G A F B N E M E O L B E X
E E V K Z G A R S K E L E T T
M L O P W C V E C R È M E W W
S E R B L I J L A V R E V Z E
O N S J A Q T O H M E P V V P
X Y T Q O N E T X T T K L T W
```

VORST
INHEEMS
AANWEZIG
BLOEMEN
BLIJ
STADIUM
CRÈME
SKELET
TOLEREREN
VERVAL

DRAAD
COMBINATIE
LAAT
TERUGSPOELEN
GENOEG
HEET
BOKSEN
GRIJS
VANAVOND
FAVORIET

Puzzle 58

```
K X L N I E T S P S F F H W S
T D A E S D A D L T A I O I C
V Y F K N H W R A W U J N E H
E E A I O R G N N B T N K B I
R S A U A S Z O E E E R B E L
M K R K A L A O T G U Y A L D
A C D F H D Z T E O I R L E E
K N M E B X K M N N L Y S N R
E M N Q T Q A U O N H H A Q E
N H O W Z K A S R E E N E M N
G E B O U W R K P N G X Z X G
S F P X V P S A Z W E R E L D
W U F S C L A A M I C E D T I
A N L A U M D T T X L X T G A
```

PLANETEN	NOOTMUSKAAT
GEBOUW	MENEER
KUIKEN	VERMAKEN
NIETS	SOK
KAARS	BEGONNEN
DECIMAAL	WAT
HONKBAL	SCHILDEREN
WERELD	MARKT
WIEBELEN	FIJN
FAUTEUIL	LAFAARD

Puzzle 59

```
W X F L G E H E E L M I V K M
I R R E I Z E L P L P N E W E
V A O E Q E H G B H H F R A E
X A A F T Y P I S C H O D L S
K B J T S F R R K A Z R I I T
Q T O I F X A E F T W M E T A
F S Q J R L Y I O Z I A N E L
P O V D E Z W G L L W T E I S
D K U I H G E S O U Q I N T C
S W Z T M J L W S L I E Q L H
W F W T N O Q U U U K O O L I
N V D H Y H K E O D D N A H P
E L N E L E K I T R A M U U H
S G L A N S T N E V I U R D L
```

GLANS	KOOL
FOUT	VERDIENEN
HERFST	GEHEEL
LEEFTIJD	LUI
HANDDOEK	DRUIVEN
SCHIP	MEESTAL
TYPISCH	NIEUWSGIERIG
ARTIKELEN	KWALITEIT
PLEZIER	SOLO
KOSTBAAR	INFORMATIE

Puzzle 60

```
W E E R S P I E G E L E N L O
J U L L C Y H I X H D R B E R
W V V Y C S J L E G N A H R K
J N E N J I H C S R E V T E A
U D R U E T U A T P D E A N A
K R A I J T S L J E R L N H N
L T N A T S N I F Z O G H E Z
I N D L E G S C H O O L T A S
M E E I K Z O V T L N G D V E
R G R S A L T E R N A T I E F
U E I J T O R R W I X X P Z N
O N N Y P O N J K Z V N D D A
K M G S D I E H J I R V T A I
M E E L G L E L A V N E G E R
```

MEEL

ZINLOZE

SCHOOLTAS

ORKAAN

KLIM

REGENVAL

INSTANT

GELD

VRIJHEID

DAT

LEREN

WEERSPIEGELEN

NEGEN

NOORDEN

AUTEUR

HANG

ALTERNATIEF

VERSCHIJNEN

VERANDERING

STOEL

Puzzle 61

```
V R I J D A G J H O E H E A F
A A T U H F N F Q D W L G L A
C P I J N L I J K E F Z I T J
F O T B Y K I J K E N H T I E
W X M R O W A R B E I D S J M
H A O M G E N T L E M A N D H
N W K E U B R O O D X G U O F
Y R I A T N E M E L E V G O O
S E K T F E I S S E R G A N I
V I S S E N T C C Z   N Z L E
G Z B K L A B D E C H L M G Y
Z I L N E N J I D R O G A P
S T O R M F C J K Q E B R A E
Z K U Y Y I O D H W D N A R G
```

ELEMENTAIR	BROOD
ARBEID	HOE
VRIJDAG	GUNSTIGE
KIJKEN	NOOD
RAND	WORM
VISSEN	PIJNLIJKE
KOMT	COMMUNICEREN
AGRESSIEF	ALTIJD
GENTLEMAN	LAAG
GORDIJNEN	STORM

Puzzle 62

```
V Q H N U I Z C D O E K Z A B
E S E E U O F O V J L P U T E
P L R U H V X W A J W D F M L
B I S S Q E L B B D X S H I E
E M T A D R E O V E G T I U D
T V E M E A T Y M L R H Q G I
R R L W T L U P Q A F E I T G
E E I N T E R R U P T D O X E
K S I H Q Z H N P W J O Z R N
K B W N N O O V L A K T E S B
I B K U A I O W A A R D E P W
N P U N T M P V M S S E P L I
G S W V B E Z O R G D H E I D
V E R M I N D E R E N K C W U
```

BETREKKING
MANIER
DOEK
COWBOY
UITGEVOERD
INTERRUPT
HERSTEL
VERMINDEREN
BROER
NEUS

WEER
BEZORGDHEID
OVERAL
PUNT
WAARDE
BELEDIGEN
VLAKTES
FEIT
SLIM
HOOP

Puzzle 63

```
F A M I L I E S K O Y V O G G
I P G J T S Z I O A A B E E I
U O I B Y D O U M L G O O H S
R P U A Y T R H K L N E G E T
D L M S N I P N O E J Z X U E
R T U K E F N E M E U K Q G R
C X Q E P V V K M N J I M E E
I I Q T P M X E E S W A Q N N
F R I B A R K I R T Z L N T W
X A Q A N O Y Z O A B E U L E
F X S L S Q K C L A I I T M Q
D Y N E T U N I M N P M Z G A
K V T Z N B O R E D I E L S L
I R G U O L A A T S T E E N E
```

GEHEUGEN   ZIEKENHUIS
TEGEN   LAATSTE
MINUTEN   OPA
MIJN   PIN
KOMKOMMER   BASKETBAL
LEIDER   GISTEREN
KRAB   DRUIF
ONTSNAPPEN   FAMILIES
ROZE   FASE
ALLEENSTAAND   HOOG

Puzzle 64

```
J S D L U R K E G V Z K E H R
J K K E V E R V U L D A I E X
K P X N E M E N T N O M T T I
Y V P T C M P O H V D S A E X
K T I E T I T N E D I L R R U
E S K A R A K T E R I I T B P
K O N I J N O Q C U Q J S N V
O E I G O L O N H C E T I W D
T C N B T M I E V G M A N P E
F I G U U R O I L V T G I F A
N P Y O W F S E B W U E M A L
G F G N I S S A R R E V D D E
T O T D A T B G Y W M U A U K
T R O U W E N P G Z H A R D E
```

ADMINISTRATIE
ONTNEMEN
HETER
MOER
FIGUUR
SLIJTAGE
GEKRULD
HARDE
VERRASSING
TOTDAT

IDENTITEIT
LENTE
KAM
VERVULD
TROUWEN
KARAKTER
WIT
KONIJN
TECHNOLOGIE
DEAL

Puzzle 65

```
P X V O O R S P E L L E N P W
A O W W E R K W O O R D U O P
R D I P C I L L I E H R D S R
A W Q R A R E I B R O E K T O
P D R E K E Z R E V F L E Z E
L D X W D K E U D F S W B C F
U S U G J R P I E N D K P Z E
J S G E W A H N O O L E I M F
A U K W I M J C M Y B A V Ë K
Z O N S O N D E R G A N G O N
T K T L Q C Z N A U C J Z N L
Z Y S E Y E V A C U E R E N D
H X A I M N O M Q D A A R O M
V E R O W Q X A D V O C A A T
```

EVACUEREN
MARKER
ZONSONDERGANG
ARMOEDE
VOORSPELLEN
WEGWERP
ZELFVERZEKERD
KOUS
LIEFDEVOL
WERKWOORD

BROEK
ADVOCAAT
PARAPLU
POST
EZEL
VER
PROEF
SKIËN
DAAROM
LYNX

Puzzle 66

```
P G O S Z K S X K P B Q Z C C
R E L H S U Q C T N E S S A W
E W I R R T D Q H N E R E I E
C O F W N S A E I R T Z T M L
I R A C P J N T U Q I R T D A
E D N P J I J M I T Z J J B T
S E T K V R I U K O A R V D O
F N J T Q E B H N V N E B E T
J T Y N U D V U C U P I D O N
Z I J Z V R I J L A T I N G M
S T O P S E G I N G A N G H A
G X S U M O L O K O L S J X I
Z C I X F B G O O I E N A Z L
P O L I T I E K K F H L H D A
```

MAIL
STUK
EIEREN
BEET
OLIFANT
TOTALE
WASSEN
BIJNA
SCHRIJVEN
INGANG

POLITIEK
STATION
CUPIDO
PRECIES
VRIJLATING
GOOIEN
GESPOT
GEWORDEN
BOERDERIJ
KOLOM

Puzzle 67

```
H H T C H S E V W U P L Y M P
P E R I M E T E R I A A H E E
F M Z C U B A R U T P D B T N
B A B Y C V L M U V E I E H N
S D R Z E O E U R O G N I O E
I C U I E R P U C E A G T D N
D Z Q P G K P E R R A M A E K
Y H L B V I A D N E I R V M O
L I E F D E D M Q N C X I W K
X C S K U K R E H D Z N T P E
K Z M O B U A U L E I J O N R
B E E T J E A Q N L J E M D U
B E D A N K T A O R O E R H A
G F Y G S J S E G F H V E E X
```

BABY
PERIMETER
PAPEGAAI
VORK
PENNENKOKER
VRIEND
AARDAPPEL
BEETJE
METHODE
VOLLEDIG

LATE
NOG
UITVOERENDE
MOTIVATIE
LIEFDE
UUR
GIRAF
BEDANKT
LADING
DAME

Puzzle 68

```
T B E V O L K I N G J U R O R
E K M H J A K L S H N O A U Z
I U A R E Z W A R T O O N F E
X R A A G R E T I G I R O G V
F K F P M L I J K E N D D T E
P F P I N E D E O L B P U R N
X L R U Q G G A O G A H O T D
K S G H O A G G O U N I H M E
X B D K H N S R E G J I T D C
M I S S C H I E N E D E N E B
G E Z O N D H E I D L X O S P
G E B O O R T E P L A A T S E
F R U T W T P W P R I V É M E
B Q H M R I M P E L A M S U R
```

TIJGER
BLOEDEN
KRUK
BENEDEN
LIJKEN
PEER
BEVOLKING
GEZONDHEID
RIMPEL
LEEGGEMAAKT

PRIVÉ
ZWART
MISSCHIEN
NAGEL
GEBOORTEPLAATS
ONTHOUD
JONG
SMAL
ZEVENDE
GRETIG

Puzzle 69

```
R  T  F  E  I  R  A  T  R  V  O  R  D  B  S
I  X  B  W  E  U  X  X  F  R  B  U  R  L  H
G  N  F  B  L  S  E  G  O  P  K  K  F  O  O
E  E  D  C  L  T  L  V  R  D  E  T  K  E  C
M  K  R  I  O  I  M  M  I  B  A  E  R  M  K
I  O  A  S  V  G  O  P  S  L  A  A  N  K  P
D  R  W  O  S  I  U  X  P  Q  E  M  Q  O  A
D  B  R  P  E  U  D  Z  O  W  E  L  P  O  T
E  E  E  L  C  T  M  U  P  L  A  N  K  L  I
L  G  V  O  C  R  O  R  E  B  E  S  L  E  Ë
D  O  T  S  U  E  V  C  P  E  W  X  E  E  N
E  W  G  S  S  O  N  P  U  J  L  T  L  D  T
U  X  M  E  L  V  L  X  O  Q  A  A  M  G  H
R  X  K  N  X  P  N  Z  C  G  A  P  K  P  J
```

INDIVIDUEEL	BES
OPLOSSEN	SHOCK
OPSLAAN	ELK
PATIËNT	TARIEF
RUKTE	GEBROKEN
VOERTUIG	VERWARD
SUCCESVOLLE	PLANK
COUPE	BLOEMKOOL
GEMIDDELDE	RUSTIG
ZOWEL	DEEL

Puzzle 70

```
A D S K S S Y T S E K Q V Y R
B R D F P P A N A A O G W X A
S E T S E B I P O Q I W E Q I
T R R U R H C N U L T K T L O
Q S B E S K P E S Y W K R T O
L K I F K B E K A T H C O V N
C R H E U E T E A N A H K U J
Z A D D M K N T P E C B J I T
I C C N G A W E X T T T I M K
V H F I L Z N D N I V Z E E D
U T D E F L X D R A D I J S L
N Z R O O V E R M O E I D E A
S P R I N G E N M L G P R C E
B E H A N D E L I N G O I N S
```

KORTE	BEREKENEN
KRACHT	IEMAND
SPRINGEN	INSTABIEL
TEKEN	BESTE
TENT	RADIJS
BEHANDELING	EINDE
VOOR	PAN
PERS	PET
AAP	LUNCH
VERMOEIDE	VOCHT

Puzzle 71

```
J  Y  N  S  N  B  E  G  R  I  J  P  E  N  I
B  P  F  C  C  J  B  W  N  Y  W  I  Y  E  N
R  C  M  H  C  S  I  R  T  K  E  L  E  D  O
K  Z  T  U  O  Z  N  R  I  J  P  H  W  N  U
G  H  K  D  Z  N  E  K  K  I  H  C  S  E  B
U  L  L  D  U  B  C  A  K  U  N  S  T  K  H
W  I  O  E  C  R  D  N  D  B  O  S  Z  K  H
Y  H  T  E  O  I  Y  T  G  Y  K  X  A  E  W
K  Z  Z  V  D  E  Z  O  R  E  T  N  I  W  O
V  Z  S  Z  I  F  Y  O  O  G  P  T  H  L
L  O  M  N  B  N  V  R  Z  G  L  U  A  C  F
J  N  E  W  G  N  D  I  E  H  N  E  E  A  K
K  B  S  M  O  S  A  E  B  I  X  K  J  L  K
O  M  U  C  L  X  J  D  N  O  O  R  T  A  P
```

ZOUT	LACHWEKKENDE
EENHEID	WOLF
GLOED	WINTER
BRIEF	BEGRIJPEN
BEZORGD	BESCHIKKEN
KANTOOR	SCHUDDE
LIP	ELEKTRISCH
MES	UITVINDEN
KUNST	SOMS
ROL	PATROON

Puzzle 72

```
B B T L C I T R O E N D F N C
K J D K E N D Q L F G R N Z Q
R M R U X F G E W C I A Z V L
Q U U A P R F X W D R A Y A Z
G N M X E N Q U G L U L M D Q
R T N E R O O J B Y E D E U O
M A I W I W F Y S E K J C K L
K V R D M F U L G K E Q M A L
J D T A E A F L M U L I W M N
M N F N N D K O D C L I B Z U
L A W J T P O L I T I E C A T
Y H M Y S T E R I E W L K H T
M O N S T E R U U T A N I S T
C N N G E K W E T S T I P N B
```

MONSTER	KIP
LICHT	LEK
EXPERIMENT	NEK
DRUM	OOR
BUFFEL	MYSTERIE
WILLEKEURIG	NATUUR
MUNT	CITROEN
HANDVAT	WIL
YARD	POLITIE
DAN	GEKWETST

Puzzle 73

```
S G N I L L E P S J I G B Y K
V D E C S J A A L A H E E G O
J A S S J O T J F H I L O X F
K F B V P X G L I R O U O L F
M C J R V R Z D Z Z A K R U E
R Q C Z E D O A I M R K D L R
R E N O W E B N J U B I E E B
V X K F T A D Z G S C G L I A
N M R A A F A T B E G S I L K
P U B L I E K I E B N T N A C
Q E K E J T R A E W N E G N H
O S P B J N E N R N G I B D I
V U K I B E P A L E N P A N P
Q M S L O R B W P W G B M Z S
```

RENTE
MUSEUM
EILAND
LIBEL
SJAAL
RAAF
GELUKKIGSTE
PUBLIEK
BEOORDELING
ZWAAIEN

HAL
KOFFERBAK
JAS
SPELLING
BEWONER
BREEDTE
ZIJ
BEPALEN
CHIPS
GESPRONGEN

Puzzle 74

```
S  I  K  Q  E  S  X  W  H  W  R  M  X  W  P
F  A  N  S  H  I  I  U  O  R  E  D  B  G  E
K  V  M  T  H  S  P  R  F  H  I  I  H  J  C
I  E  V  E  V  O  E  O  O  C  E  N  O  E
X  R  O  J  N  R  B  I  L  E  I  H  T  I  T
E  L  O  F  B  W  V  N  W  F  K  O  H  G
T  E  R  Z  G  C  E  I  W  E  F  J  M  J  I
U  D  W  W  W  M  V  R  E  L  O  I  A  D  N
S  E  E  N  A  T  T  E  K  W  G  L  A  E  N
S  N  R  V  A  L  L  E  N  E  F  E  T  O  O
E  B  P  X  M  E  D  I  A  A  N  K  I  L  Z
N  O  Q  A  D  V  O  L  A  A  H  R  E  V  T
Q  T  D  T  T  N  A  S  S  E  R  E  T  N  I
T  H  E  R  M  O  M  E  T  E  R  W  D  I  L
```

TUSSEN
OFFICIER
THERMOMETER
HOEWEL
VERLEDEN
INTERESSANT
MEDIA
BOT
INVLOED
WEINIG

WERKELIJKHEID
TOMAAT
RIVIER
VALLEN
ZONNIG
INTERVIEW
SAMENWERKEN
VERHAAL
VOORWERP
NATTE

Puzzle 75

```
S C H O F F E L K A A Z R O O
M A C H I N E N E E T E N F A
T B Q X Z I P A T S A A K H E
O X R P N U Z V E M O D E R N
K J K T A R T U L G Z Q W S D
F A K V A B O U O G E N E V B
M O N M L B U R S M B F N R D
C A R T D L S V B D S O X X M
X A A N A M W L A A K I Z U M
J I Q N U Q U I J V M C C V W
X N H F D I G E B D W E D Q A
S G Q G J A S G I T H C A T E
M B I V C S G V E R B L I J F
O P S L U I T E N A A D E G P
```

OGEN
STAP
FORNUIS
MUZIKAAL
KAAS
KANT
MACHINE
KETEL
VUURVLIEG
MAANDAG

BRUIN
TACHTIG
ETEN
MODERN
NAALD
OORZAAK
VERBLIJF
OPSLUITEN
GEDAAN
SCHOFFEL

Puzzle 76

```
M E Z E L F K X N Z X J T V A
S L O V O V B M E E H T O A U
N L J R Y C P O L I X G E S T
B O E J T S I K L L O M G T O
E A B U S T G L A C L V A G M
Z I N E T E A E V L X R N E A
O J J K L E A W N S E K G B T
E Z Z A H G L Q E E R E V O I
F O B C F K V S N S F G G N S
E Z N N S Y D S N L K E E D C
N H A S R R N D I S Z Y O E H
E T C Q P A I K B J Y C U N I
N A A J F O W V R O U W E N F
J K A B S O R B E R E N E Q K
```

NOBEL

VASTGEBONDEN

OVER

THEE

CAKE

WELKOM

KISTJE

WINDVLAAG

LEEG

BINNENVALLEN

SLEUTEL

OEFENEN

TAK

MEZELF

ZIN

VROUWEN

AUTOMATISCH

TOEGANG

ABSORBEREN

ZEIL

Puzzle 77

```
H S P I J S V E R T E R I N G
B A F X W S U D L A G L X B P
A S N E K K E R T G U R E T Z
L P E D N E G L O V B G T J W
L U F D M H Z U F O A O Y P A
O L F I F A M K X O F Y M D A
N O A C L J T O C R W O J E R
N W L H I S F I A Z G A N S N
E Y B T P N F G G I O P V Q Y
N L H E P O S E H C N I B C K
J R E D E O M R R H P P R S P
M F R H R U M E O T I S X B T
K L P R L C Z N Y I P R X B Z
D I N S D A G S F G Z T A M K
```

HANDMATIG	ALDUS
MOEDER	DINSDAG
BLAFFEN	BALLONNEN
BOMEN	ZWAAR
SPIJSVERTERING	VOORZICHTIG
TERUGTREKKEN	WOL
INCHES	HEKS
GANS	FLIPPER
DICHTE	REGIO
VOLGEN	SPUL

Puzzle 78

```
W I S T U R A D E N C L O V W
Q E I S I V E L E T R I P E A
U M F S T A Y S J E I N T R T
S E L K G C O X R L S I R Z E
K O D A E A U B W O I A E E R
K R S A G R V D Z I S A D N M
Z E F R E N O X O V L L E D E
J O M P V K W O I R F L N E L
J G V S E Q O Z K Z P F E N O
Y N U T N S C H U U R H X N E
B A S I S I T E M T Y P E V N
G K R U K D E E L N E M E R A
V F O V E R S T R O M I N G H
N B P O N T W I K K E L E N P
```

RADEN
ONTWIKKELEN
CRISIS
KANGOEROE
PRODUCT
LINIAAL
OVERSTROMING
VIOLET
ROOK
UITGEGEVEN

OPTREDEN
WATERMELOEN
WIST
SCHUUR
BASISITEMTYPE
WILLEN
TELEVISIE
VERZENDEN
DEELNEMER
UITSPRAAK

Puzzle 79

```
B  I  B  L  I  O  T  H  E  E  K  P  F  Y  N
W  S  T  P  O  R  T  R  E  T  E  U  I  R  R
A  Z  X  D  M  N  T  B  O  V  O  O  I  T  T
E  P  X  O  J  G  E  E  R  K  Z  L  N  T  E
I  T  A  F  D  E  V  B  X  G  R  G  E  U  R
O  Y  A  T  F  P  E  O  O  R  E  N  Z  E  L
A  V  E  I  F  L  I  R  Z  G  D  I  E  V  A
T  D  E  N  J  U  L  E  C  R  N  D  I  H  A
L  W  T  R  A  K  J  D  P  A  O  N  K  I  R
I  H  G  A  G  T  X  R  Q  T  V  I  W  T  T
Z  A  N  W  N  R  A  A  N  I  M  B  A  S  N
V  U  E  A  D  K  O  G  S  S  E  R  D  A  E
A  T  L  G  R  P  N  T  S  F  G  E  Q  A  C
D  O  W  L  J  Y  R  E  E  X  F  V  K  N  E
```

CENTRAAL   GEPLUKT
ADRES   NUL
LIEVE   NAAST
KREEG   TER
PORTRET   UIT
GARDEROBE   VERBINDING
OVERGROTE   GRATIS
KIEZEN   BIBLIOTHEEK
NAAR   ONDERZOEK
LENGTE   AUTO

Puzzle 80

```
M O T O R F I E T S P M P Y P
V I E R D E E E U W X I P A R
E M O T I O N E E L L L I C U
I N V E S T E R I N G J L T I
R P O A K Y W T C N D O G I T
G X T V R M U I D E M E L E B
G E K O C H T H O R E N I C A
R I C H T L I J N E N O M A R
V K X Y G B U Z S I E F L B S
U O D X P G U E M D O F A R T
D I E R P S R E V S K E C U E
K S T T R B O O N I L R H G N
T O C O E E Z I S U A T X I K
L V R B U N Q I Z H K E P Y E
```

RICHTLIJNEN   UITBARSTEN
MEDIUM   INVESTERING
BOON   ACTIE
BRUG   GLIMLACH
EEUW   PIL
VOETEN   VIERDE
MOTORFIETS   KALKOEN
HUISDIEREN   MILJOEN
VERSPREID   GEKOCHT
OFFERTE   EMOTIONEEL

Puzzle 81

```
O V E R D R A C H T A M I T K
O V E R E E N K O M S T N E L
D L E T S E G R U E L E T R I
E I K E L S R B L D X E E U M
Q A D L M U L O E N N V R G A
R C J I I O P E I E R A A K A
S B S U T O P K G N R D C E T
J L G V O L U R N O Z V T E Z
R S A X L L P E A K V I I R Z
K C L P X Y O T L L N E E B Q
V Q V A E Z F S S A J S J L D
A J K E P R A Q O B T R O T S
B A P N F J I R D E B W D U R
X S P E G U D G B U R E A U D
```

BEEN
BEER
KLIMAAT
BALKON
TROTS
SLANG
VLAG
INTERACTIE
BEDRIJF
STERKE

TELEURGESTELD
SLAPERIG
TERUGKEER
OVERDRACHT
VUILE
BUREAU
VOGELS
OVEREENKOMST
ADVIES
EIKELS

Puzzle 82

```
B U R G E R L I J K I P T C F
D E T E C T E R E N K O B V O
B E D E K T B C X X D O K W L
S E I D U T S N M W J K M O K
U C B N E D L E Z F F D Q Z L
B X H R I C H T I N G E N O O
S H H A X F T T C R E O W M R
J B G G A I Q I I A S G K E E
Y S Q Y L R J Z B T P O K R B
R E C H T B A N K C Q M T B R
U X U R V K C U Y E W J O T A
J G N I V E G S I N N E K C T
U I T D R U K K E L I J K I P
Z E E R G O T D V Q N K A L M
```

COMPACT   BEDEKT
KENNISGEVING   FOLKLORE
KALM   RICHTINGEN
STUDIES   ZELDEN
DETECTEREN   GOEDKOOP
ZOMER   NECTAR
UITDRUKKELIJK   SCHAAR
BUS   JURY
ZITTEN   BURGERLIJK
RECHTBANK   ZEER

Puzzle 83

```
R E X K O H V T X L U W B L R
F E G D O M R E I V K R Y Y K
P N A I P N E T S I N O L O K
X D Z U M Z E B F S Y H I M O
V J O H A G M C G X W E M O V
N E N B N J D L I G X T P G E
T E L E S C O O P M A R O E R
I M V B I L B U Y C Q O R L W
O R R O Q I N E W O U O T I E
O X I J R P A U Q P K B E J G
N N U U N E A U D B N E R K E
F P R N D O B O O G I G E G N
C I R C U L A I R P E I N P E
P A F D A L I N G T B A H H L
```

MOGELIJK
HUID
VREEMD
BEROVEN
KOLONISTEN
NOOIT
VIER
RAMP
KNIE
GAZON

DOM
TELESCOOP
MAN
IMPORTEREN
AANBOD
OVERWEGEN
CIRCULAIR
GEBOORTE
EENDJE
AFDALING

Puzzle 84

```
E  N  I  D  B  X  S  C  E  N  A  R  I  O  S
L  F  L  A  N  E  B  S  C  O  O  T  E  R  O
L  M  B  G  E  K  R  E  W  K  E  H  M  Z  O
I  I  Q  E  R  J  J  E  L  J  U  G  N  I  R
P  S  P  R  I  I  Z  O  U  E  C  A  J  E  T
T  S  W  A  J  L  P  T  D  F  E  N  I  I  G
I  E  Q  A  K  E  X  O  Y  A  T  F  Z  G  E
S  N  J  D  S  K  J  F  C  F  P  N  D  E  L
C  Y  G  X  T  I  C  W  K  V  T  P  P  T  I
H  J  L  N  E  U  L  D  F  M  U  I  E  A  J
I  J  Z  E  R  R  S  F  F  V  H  B  E  R  K
H  U  L  A  H  B  B  A  K  K  E  N  S  T  E
L  O  O  K  N  E  E  T  S  E  S  B  H  S  S
M  S  D  G  G  G  X  E  H  G  H  G  T  A  E
```

ZIJN	DAPPER
FOTO	SCENARIO
RIJKSTE	IJZER
SOORTGELIJKE	ELLIPTISCH
STRATEGIE	BAKKEN
IETS	SCOOTER
STEENKOOL	GEBRUIKELIJKE
MISSEN	HEKWERK
RING	ZOU
BELEEFD	DAGERAAD

Puzzle 85

```
W L H F R A A J O I J J U B P
V O A G E G E W O O N F G E O
E U R C E R G E R E N O G D Z
R I R T H S U P Q Q B C J I U
T T Y R E T X K D H T O P E I
E Z B A B L E B G I N Z L N T
L O D H Z W J F F H M J F I V
D N O U A O M U O K V O P N O
U D K S C H A A T S E N T G E
C E L Ï W E T E N S C H A P R
M R E A I H D E B I S J X R E
G I R M X C K H D H K L T T N
E N E K I D K P V G M V M Y F
J G N E M O N E G Q Q O F B D
```

MAÏS	VERTELD
UITZONDERING	WORTEL
BEDIENING	MIX
ERGEREN	MOT
SCHAATSEN	JAAR
LACHTE	KLEREN
GENOMEN	BEHEER
GEWOON	PUSH
WETENSCHAP	HART
UITVOEREN	TOP

Puzzle 86

```
E K V A I B L A T N S F T D J
P E T E R S E L I E R V E I H
J G P M I A D T T V F B V E R
B I V O N E L A H J I K R R W
O M Z O S H I A R I L V E L Z
F M J T W T W T E R G D D I F
P O Z S H S B S N H C E E J S
C S D E R D E O W C E I N K I
V O E D S E L S D S N B U E T
H W I R J Q X M R E T E I Z U
B S A X E W B M O B B G U N A
O S Q A Y N E T N G E K K E T
E N P C R J J I D F N A E U I
K J I L E K K A M S Z V A B E
```

VAKGEBIED
BESCHRIJVEN
SITUATIE
SOMMIGE
BOEK
HALEN
WILDE
ROND
PETERSELIE
CENT

WAAR
VOEDSEL
POSTBODE
TEVREDEN
STAAT
MAKKELIJK
DERDE
DIERLIJKE
GEKKE
STOOM

Puzzle 87

```
J H B D I X B C R Z V C S V B
A A Y U J N E M M O R G N O E
A L T O U L P S X N I A E O S
D L O L E R E D N A E D E R C
D O C V J L M G E K N A U M H
A G Y W R V K A S L D A W A U
V H K R K E J V N E E R X L L
L P P G G Y E X P E L R E I D
P C I V I L V L Y N I O I G I
Z O E K E N A A G O J O L N G
H E L L I N G S Q S K V I C E
B E T R O U W B A R E K M B N
F E N R F L N E R E U L A V E
C O R R E C T E U P F J F C P
```

HELLING
SNEEUW
ZOEKEN
HALLO
BESCHULDIGEN
BETROUWBARE
GLAS
PERSONEEL
DAG
ANDERE

GEK
CORRECT
VOORMALIG
EVALUEREN
VOORRAAD
GROMMEN
VRIENDELIJK
FAMILIE
EERVOL
BUURMAN

Puzzle 88

```
D O M I N A N T G M J B V V Z
M I N S T E C M E G Z E E Y U
B K I Y G L M O E I D K R E I
Z S V G F Q C P S U O E E Y D
Q X O C N M W A T G Q K I U E
G U I T N O D I G E N E S L L
K E M U M I X A M N E N T N I
F O W W L R X A Q F B F P B J
W H T E N E N N A P S E G A K
A K J I L L E D D I M N O S D
R N R S B D I E T N W S Y Q O
E L U C H T I C N P O D R A H
N T E N N I S G J N L V S A C
O N Z O R G V U L D I G A W B
```

MINSTE	WAREN
AVOND	SKI
UITNODIGEN	ONZORGVULDIG
BEKEKEN	ZUIDELIJK
GESPANNEN	DOMINANT
NAAI	TENNIS
GEWELDIG	VEREIST
MAXIMUM	GEEST
LUCHT	ONMIDDELLIJK
PAD	HARDOP

Puzzle 89

```
V G V T P G H O M X H N R B R
R R I I O H Q V Q J G F E I E
A K T D C B S Y P P S Y K J G
A V E X K T N S E E N D E W U
B E R L E E D R O O V N N O L
L E B A T R O F M O C E M N E
E L Z Y C I P U Q M R P A E R
K E D I E H C S F A U O C N I
K G I K O M T B A M I L H D N
I L I J D E N W G P M R I R G
R A N D E R E N A T T O N U O
P R E S T A T I E G E O E K U
K U N S T E N A A R E D E K N
T R A N S P A R A N T N S S N
```

LIJDEN
COMFORTABEL
BIJWONEN
DOORLOPEND
DRUK
POCKET
REKENMACHINE
VOORDEEL
GELE
RUIMTE

EEND
PRESTATIE
GAF
ANDEREN
REGULERING
TRANSPARANT
KUNSTENAAR
AFSCHEID
PRIKKELBAAR
VRACHTWAGEN

Puzzle 90

```
O D F E O J R Y S K I U V K V
N O E A K M N E O Z I E S A R
D K X F H Y L Z C K F F J M I
E T G N I T S A L E B L W E J
R E M A K S J H A H N Z A E H
Z R G R A T I E U G A T Z L R
O F I E T S E N F X V R E P D
E Q W G N E R E B O R P C B E
K M T S J I L N E D R O O W V
E S N J F Q O L A E T M R A W
N N A T H W E G E N R P A L C
M I N D E R J A R I G E J A U
O R T E R R E U R K A K G I T
L P H J H S T A N D A A R D P
```

STANDAARD   BELASTING
KAMEEL   SEIZOEN
WOORDENLIJST   MINDERJARIGE
ONDERZOEKEN   PRINS
PROBEREN   OMLAAG
VRIJ   GRATIE
WEGEN   WARMTE
DOKTER   RECENTE
TERREUR   FORMAAT
KAMER   FIETSEN

Puzzle 91

```
V Y X H D N O R G F Y G M A W
O E C A R R E D N I M Z U R E
N R R H E D A I A K G Z O T E
T R T S A A H M X N A Y O I R
W V D M L K Z W A S U J R K S
I I E P P E B O E T F P L E T
K Y Z R O I T S E W I T O L A
K E O M R W G E D W N S G J A
E K P Z L O X Z N Y E A C S N
L O H P H A T H O Z O P O H H
I C O L L E G E P M F E A K E
N E K N E H C S E G T G X Z S
G I P P A R G U P A O N S Z E
M E E R D E R H E I D O K I L
```

HAAST	VERSLETEN
ARTIKEL	POND
RACE	KIL
OORLOG	WEST
DRAMATISCHE	GRAPPIG
COLLEGE	ONGEPAST
VERROT	ZES
WEERSTAAN	GESCHENKEN
ONTWIKKELING	MINDER
MEERDERHEID	GROND

Puzzle 92

```
S W C Y Q V T T W U D A H C S
E W S Z D E K A O A C H T C Z
L L B H Q R I G E O S C I O O
E N F L P S U C D P R F U N W
C F E L A E R E E W E G L T G
T Z G H S Z B N N N C T S R J
L S I J K K E Z D R G Q E O J
B B F Y N W G N G O J V B L F
Y J F T A B E R G E N F Y E Z
X L O N D J W L M P W S X R F
M E T I N G Z T E O N I L E G
D E S V O H O A K X S I D N K
Q V F U J M H E R M E L I J N
L H J S L I M M E R A A V E G
```

ONDANKS	CONTROLEREN
STOFFIGE	GAT
VEEL	ACHT
BERGEN	GEWEER
GEVAAR	GEBRUIKT
SLIMMER	HERMELIJN
BESLUIT	WOEDEND
BLAZEN	GROOT
METING	SCHADUW
VERSE	SELECT

Puzzle 93

```
A N A N A S B O F V F M I S T
W E P R D B X A R G R A N Z J
E K H H R G N O N M A N S E O
E I V K P C N U I K G A P Z H
K U E L B A O A V S M G E C U
E D H K T M A N W Z E E C Q L
N U Q Q B J M R D R N R T B S
D N O T S Z B O S O T R E O T
V E R T R O U W D E R J R O J
S P E C I F I E K R Z I E T F
S U G G E R E R E N A A N A B
D E E L N E M E N S O E P U I
O N Z I C H T B A A R E W L Q
G E S T U U R D F E Q E A G N
```

DUIKEN
BANK
GESTUURD
BOOT
WEEKEND
MANAGER
ANANAS
SUGGEREREN
HULST
INSPECTEREN

FRAGMENT
SPECIFIEK
VERTROUWD
PAARSE
CONDOR
BANAAN
SOEP
ONZICHTBAAR
STOND
DEELNEMEN

Puzzle 94

```
U H U L Q U H Q O V X D K S P
G M E I E F N H S P X S F U A
V L E K C S T Y L Z J A D B S
N J N V J Z J V M V W X F S T
E T S I U J A K R U I S T T I
T D D K J I G N C R X T R I N
T K Z V L D E S O F J M A T A
E N O R M E N U O T M V M U A
Z S U L C Y C I Z A I T S U K
E V E D E E W T D I K T Z T M
B I B L O E M P B F J Y I N Y
D E M O N S T R E R E N G E Z
O N A F H A N K E L I J K H K
T I J D E N S W A A R O M P J
```

ENORME	DIK
CYCLUS	DUN
ONAFHANKELIJK	DEMONSTREREN
TWEEDE	WAAROM
JUISTE	PASTINAAK
JAGEN	BLOEM
KUST	ZOO
KRUIS	TIJDENS
TRAM	BEZETTEN
SUBSTITUUT	NOTITIE

Puzzle 95

```
A D I E R E N G M S C O C C S
V T W A N T E N N I U E A B C
C N E I S I V I D O N T D E H
P I P L U Q V S P F S K F S A
T A A D L O S E V N S L D T T
T N D A Z E I T N A K A V U T
N O N D B H N R E T N I S U I
B E J W E C U E B N C L R R N
R M I U H S B E W O L K T D G
U E F Y E I T E R R A T S E K
S R L M V D X O J F Y W J R K
T M O D N E G I E V O E R H D
Y R D I Q M J U M L U P H X T
G E H O O R Z A M E N U A O O
```

STARRE	WANTEN
VAKANTIE-	INTERN
NOEMER	EIGENDOM
DIVISIE	RUST
VOER	DOLFIJN
DIEREN	SCHATTING
PADDESTOEL	BEWOLKT
BESTUURDER	FRONT
MEDISCH	TELLEN
GEHOORZAMEN	SOLDAAT

Puzzle 96

```
G  Z  N  E  R  O  T  S  H  C  C  K  M  V  C
I  E  E  C  R  I  C  S  C  O  L  T  W  C  Y
T  M  G  T  T  A  T  T  I  U  R  O  O  V  U
H  U  N  E  V  E  L  E  D  E  M  E  I  R  A
C  Z  I  L  V  D  L  K  E  R  S  J  N  K  W
A  I  R  A  Z  E  C  L  M  U  U  C  C  E  I
E  E  E  E  J  V  N  E  D  N  O  V  E  G  N
D  K  V  N  E  D  R  S  H  A  V  I  K  F  S
J  K  E  B  X  H  V  G  M  J  L  B  G  I  C
I  Z  L  I  F  O  T  S  T  R  A  F  F  E  N
Z  J  S  R  V  E  R  S  C  H  I  L  Q  I  A
S  O  C  I  A  A  L  H  A  Q  Q  Z  T  Z  T
G  E  O  G  R  A  F  I  E  G  K  Y  M  P  C
A  F  Z  O  N  D  E  R  L  I  J  K  U  T  T
```

AFZONDERLIJK   MEDELEVEN
STOF   GEGEVENS
ZIJDEACHTIG   RIEM
GEOGRAFIE   HAVIK
VERSCHIL   GEVONDEN
VOORUIT   HOREN
STRAFFEN   MUZIEK
LEVERINGEN   WIN
KERS   GASTHEER
SOCIAAL   STOREN

Puzzle 97

```
E N Z A O Z S Q Z L I G R O T
N E V R O T S E G T I U I A X
H G T E C E L W Y F X B N A S
G A M O Y J A N M O G E Z N E
W T O X R L O Q J L K O E D C
I I H A J G Z V Y I H S T A R
O E C E G D A B E U Y Q A C E
T F X L L R P P H R G T S H T
A F P E M O C C S B R O T T A
N L K U O O X G A Y T E O I R
D I W T P W Y O D M Z U K G E
E J D R E E D U T S E G F A S
N M H I O V G G L U Y R H E S
H E K V D I E K P Z S J A T E
```

WOORD

ZOALS

NEGATIEF

AANDACHTIG

TANDEN

UITGESTORVEN

CAMERA

INZET

VERRE

DIE

GROT

VIRTUELE

HEK

BADGE

AFGESTUDEERD

LIJM

ZUS

BRUILOFT

SECRETARESSE

GROTE

Puzzle 98

```
V R E A G E R E N A W G B D A
V E D F L E Z E D N I E M A P
T M R T E L B M G D L R H C F
T N T L O E G O Z E D E L H S
K C A X O E C E L R E C Q T P
J N Y C P R G N E S R H M G C
K T V Y I L E A V N N T B O O
I C S O E F T N Z D I E R O A
C X G T Q E I T C E S N E I C
T E L E F O O N D L D M N V H
T B Y X R Z O H G R Y A G F G
G N I G I D O N T I U R E E K
S U B S T A N T I E S K N T B
V E R S C H I L L E N D E A S
```

COACH
VERSCHILLENDE
MARK
VERLOREN
OOIT
DEZELFDE
REAGEREN
GEEN
GOOI
ANDERS

SIGNIFICANT
SECTIE
GERECHTEN
UITNODIGING
TEL
DACHT
TELEFOON
WILDERNIS
BRENGEN
SUBSTANTIE

Puzzle 99

```
P C N P S I L Q J Q H J E G X
D R U K S W U E I N O T I W Y
E O O C V A I E R P E K O I M
K P C D M D D C V R V K H C T
S L U R U G E S D D E V S N E
E O R L J C R E L L E T R E V
L S S V Z P E X V N L H S D G
G S U M D B M R V I H C N I E
S I S D R E U N E G E A E E D
Z N H F V N G A U N I M L R R
S G O O R D T L Z I D V W B A
M E N I N G R P A N S M E T G
Q S U G C V O Z F O M M G I E
X F H O E G K F S K N I L U N
```

LINKS
PRODUCEREN
SNELWEG
GEDRAGEN
PLAN
DREUN
MACHT
PREI
MENING
NIEUWS

KONINGIN
UITBREIDEN
DROOG
ROK
CURSUS
VERTELLER
OPLOSSING
LUIDER
HOEVEELHEID
DEKSEL

Puzzle 100

```
C O M P U T E R A J A O V O C
V V N E K N I R D O A V E E L
Y L X V N R E T X E N E R V U
J A E D L E G E R E G R V Z B
O B U E M B R P E M E V O P A
J K O K S F W G A E P L L E W
L K L E F U L J I T A O G R T
B Z T P H G M W T E S E E Z W
N O S Z I W N W Q Y T D N I A
K I L I D O K O R K E I S K I
X B O K K A A N Y L W G U U P
L S T T W I N T I G A Z P K L
H U I S C E B N M A N G I L C
O M O E Q J O N D E R W I J S
```

HUIS
EXTERN
TWINTIG
KROKODIL
ONDERWIJS
PERZIK
VLEES
AAN
LAG
COMPUTER

CLUB
MET
MOE
DRINKEN
OVERVLOEDIG
ENERGIE
SLOT
VERVOLGENS
GEREGELD
AANGEPASTE

Puzzle 1

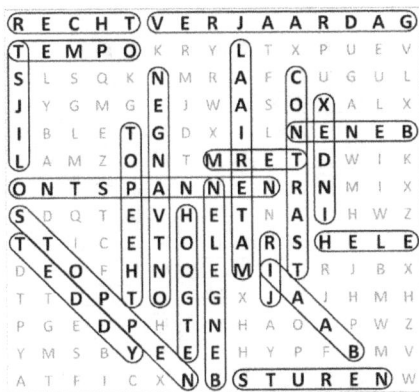

Puzzle 2

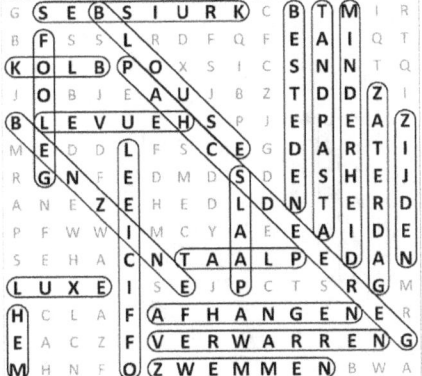

Puzzle 3

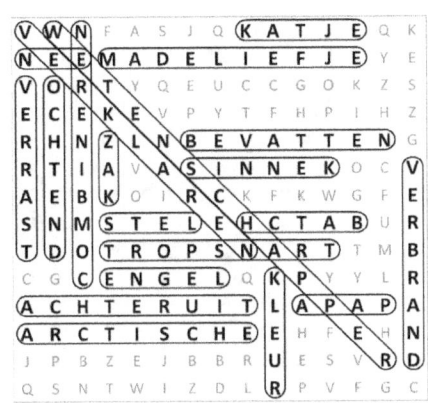

Puzzle 4

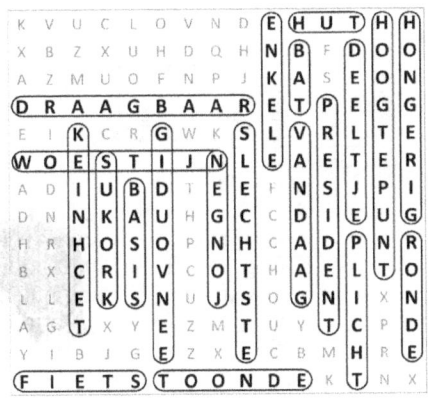

Puzzle 5

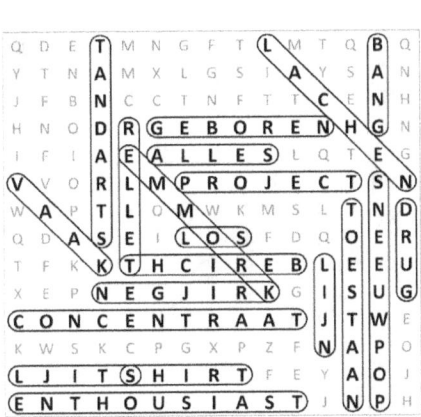

Puzzle 6

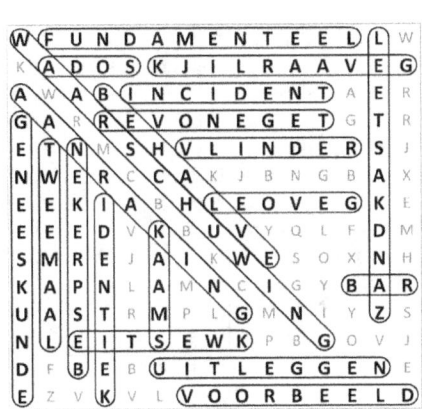

Puzzle 7

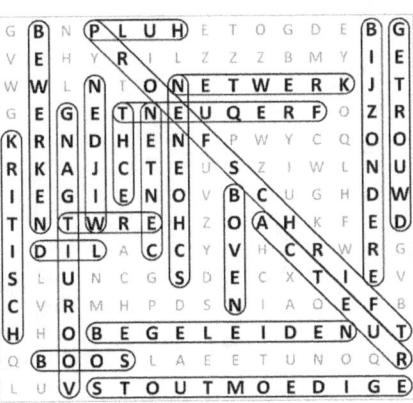

Puzzle 8

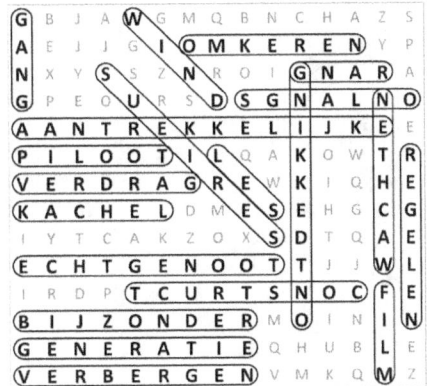

Puzzle 9

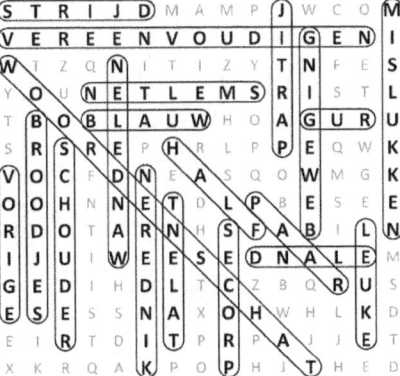

Puzzle 10

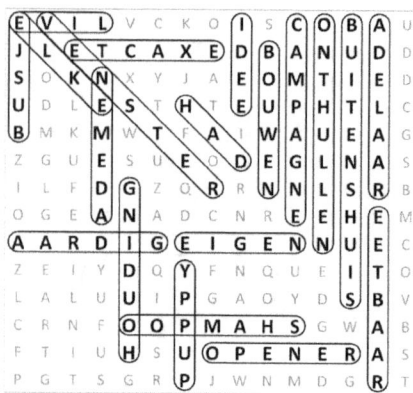

Puzzle 11

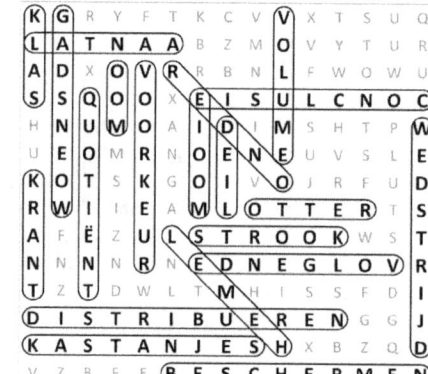

Puzzle 12

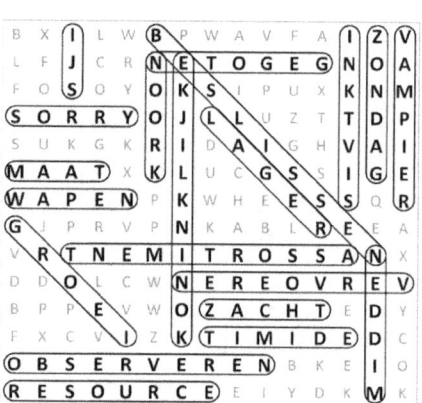

Puzzle 13

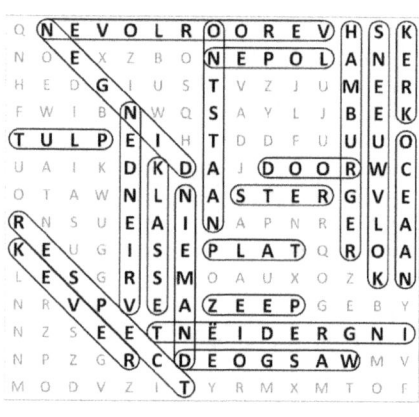

Puzzle 14

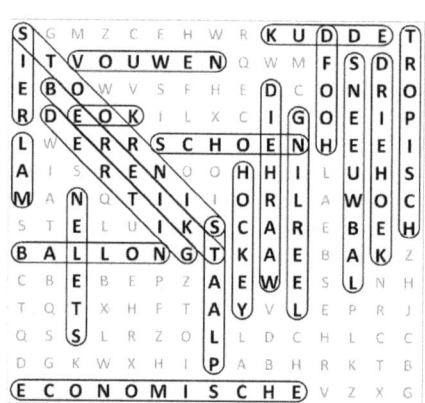

Puzzle 15

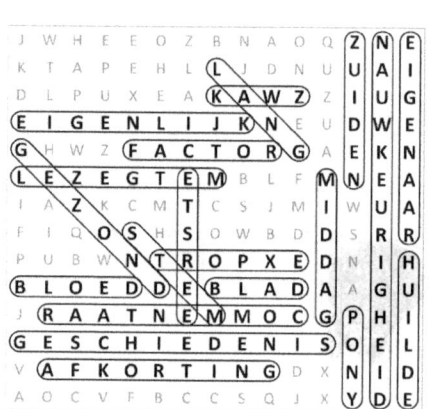

Puzzle 16

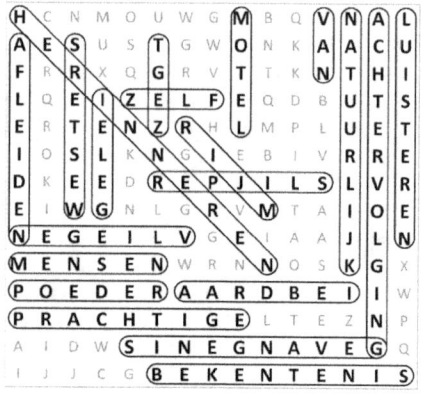

Puzzle 17

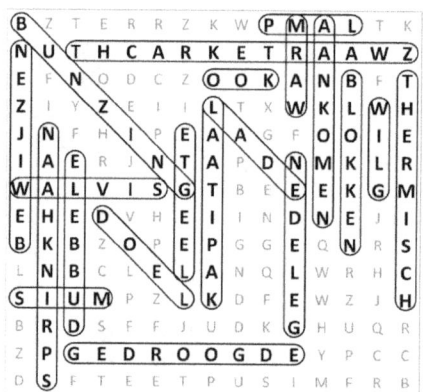

Puzzle 18

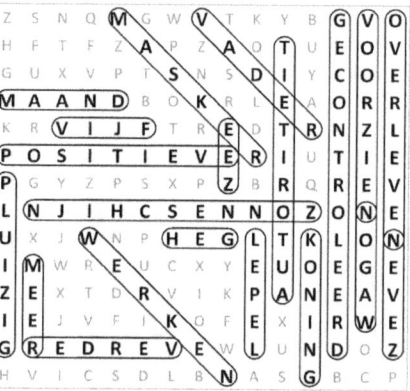

Puzzle 19

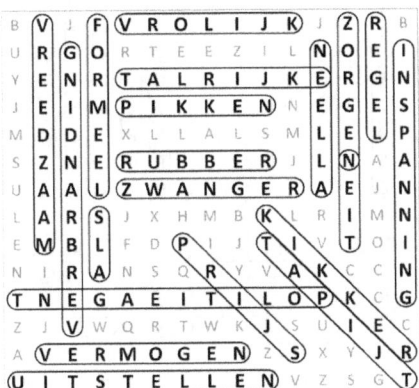

Puzzle 20

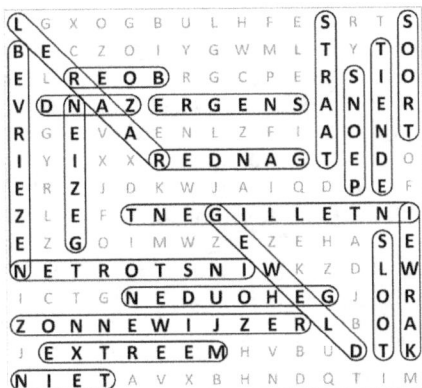

Puzzle 21

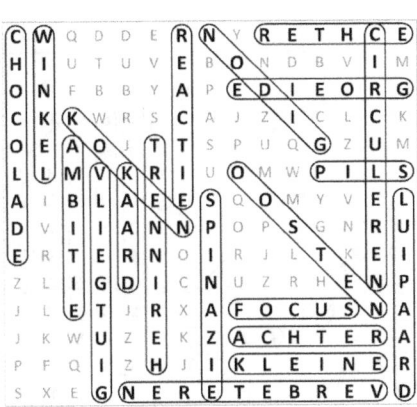

Puzzle 22

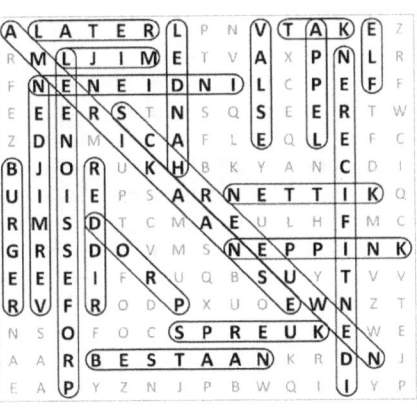

Puzzle 23

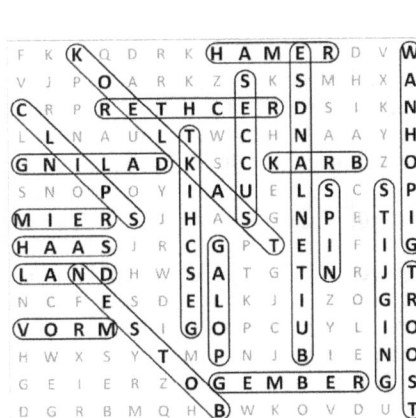

Puzzle 24

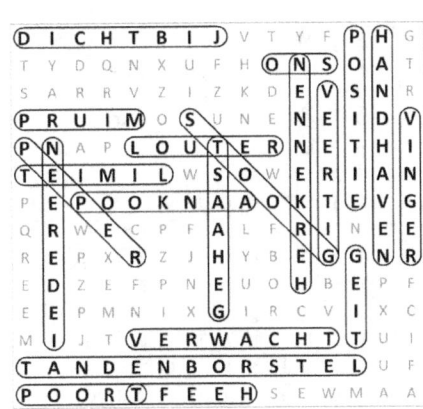

Puzzle 25

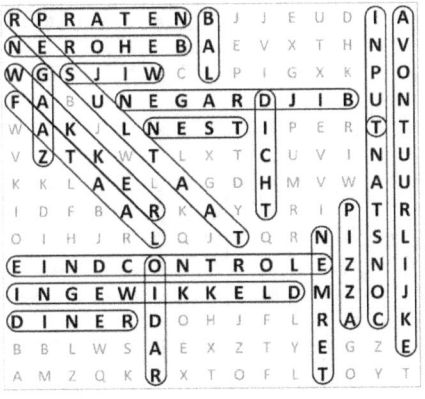

Puzzle 26

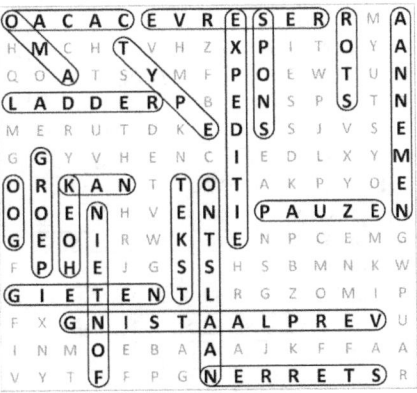

Puzzle 27

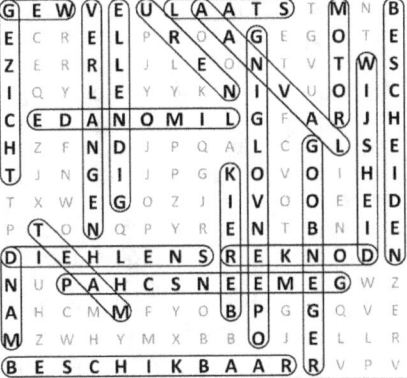

Puzzle 28

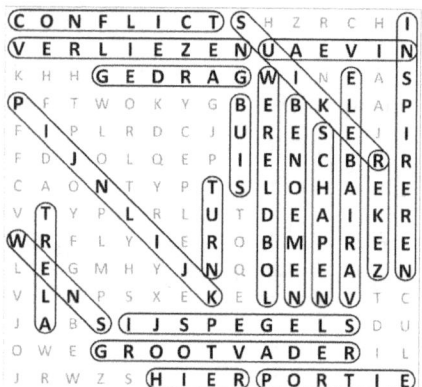

Puzzle 29

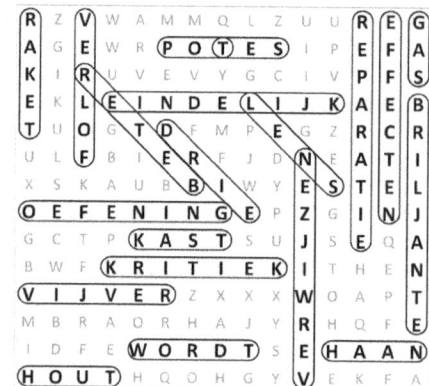

Puzzle 30

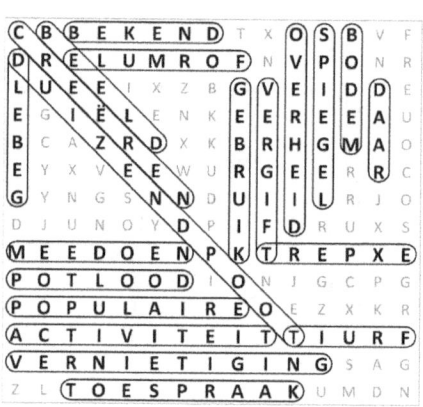

Puzzle 31

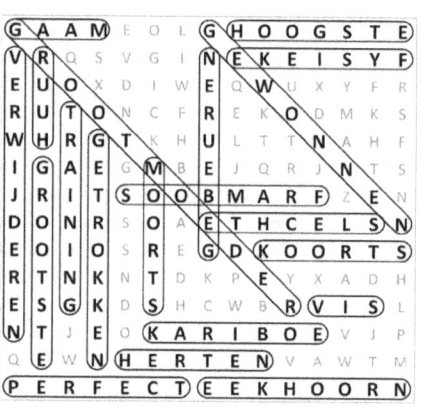

Puzzle 32

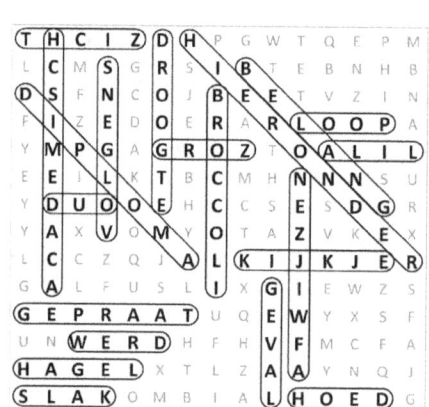

Puzzle 33

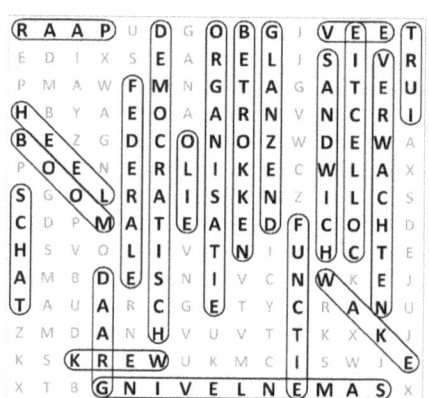

Puzzle 34

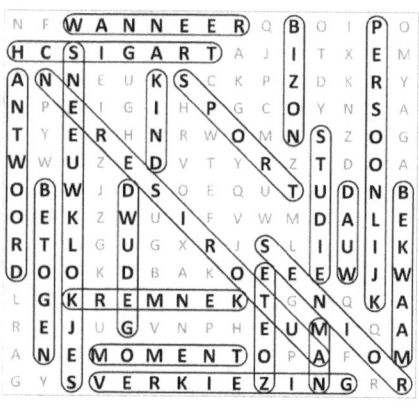

Puzzle 35

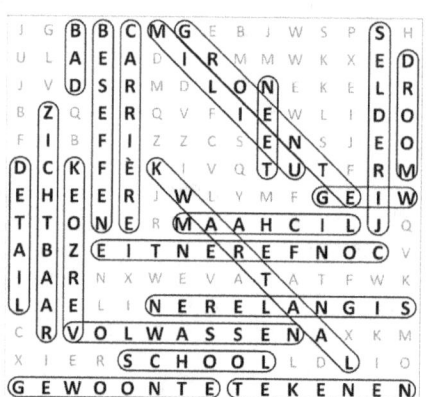

Puzzle 36

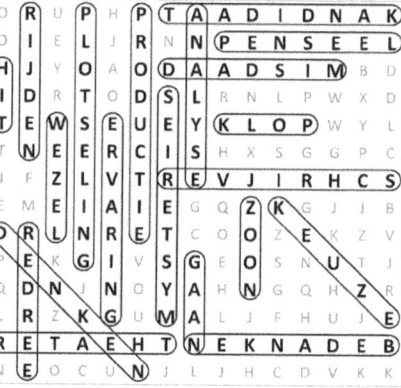

Puzzle 37

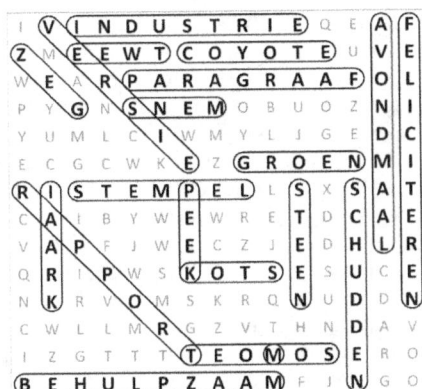

Puzzle 38

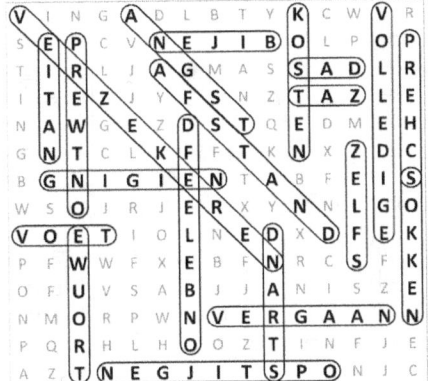

Puzzle 39

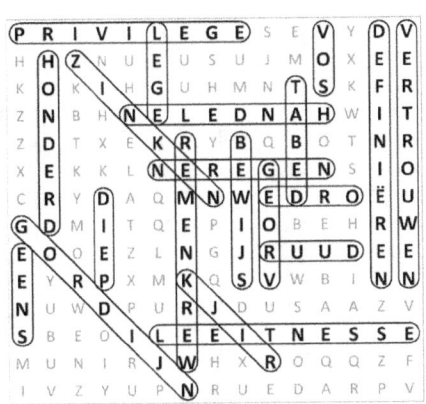

Puzzle 40

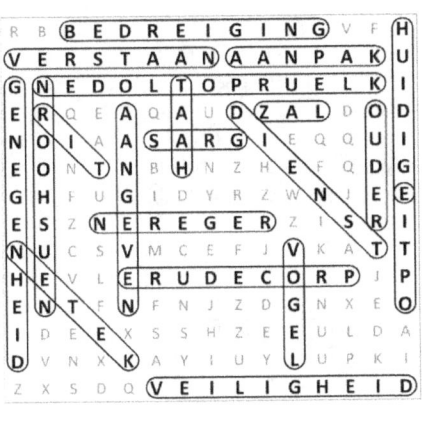

Puzzle 41

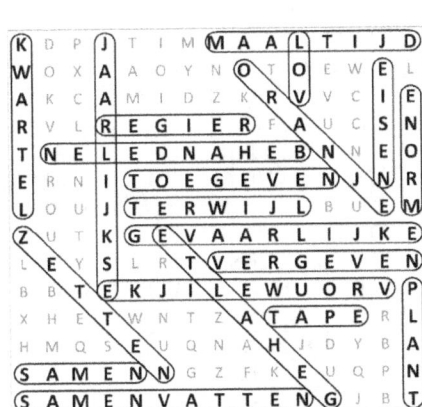

Puzzle 42

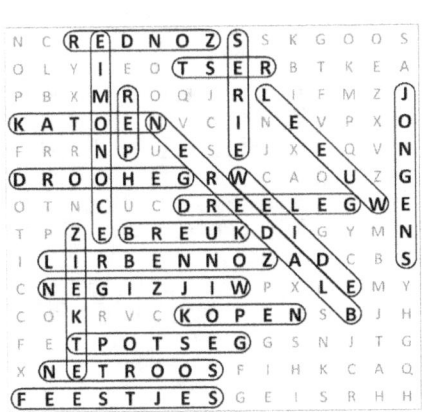

Puzzle 43

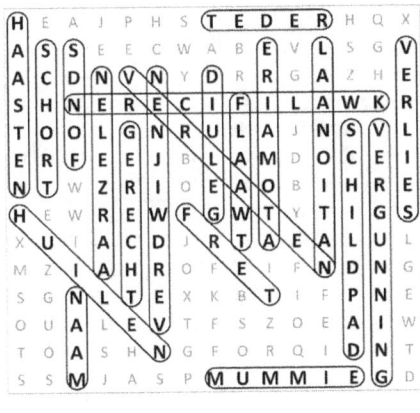

Puzzle 44

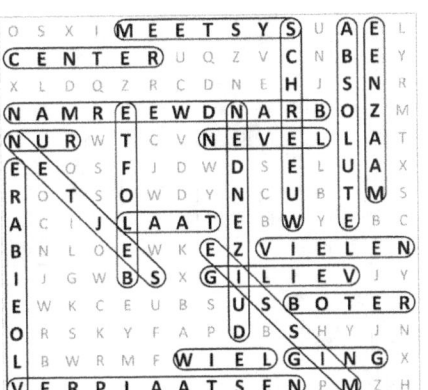

Puzzle 45

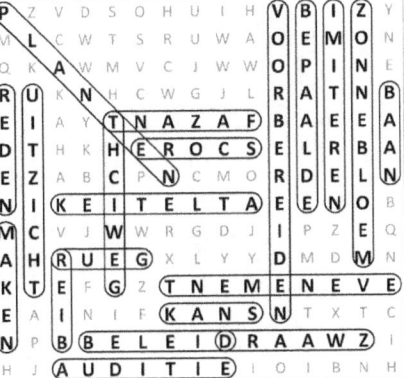

Puzzle 46

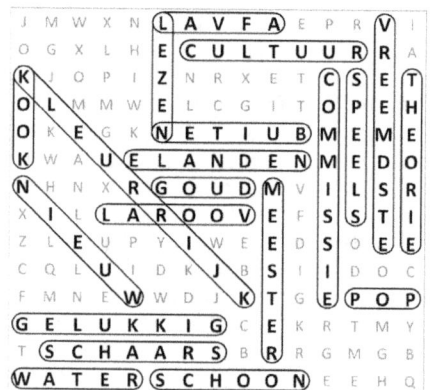

Puzzle 47

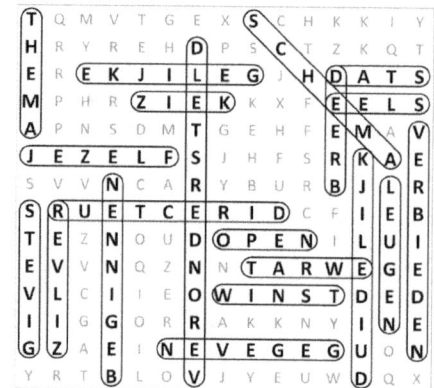

Puzzle 48

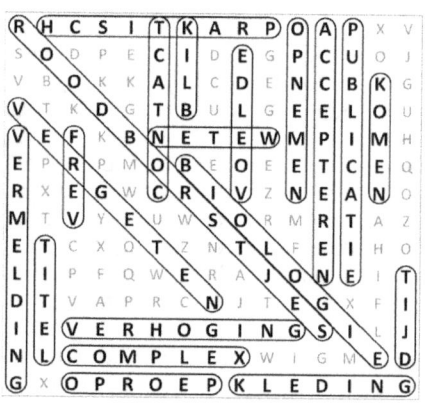

Puzzle 49

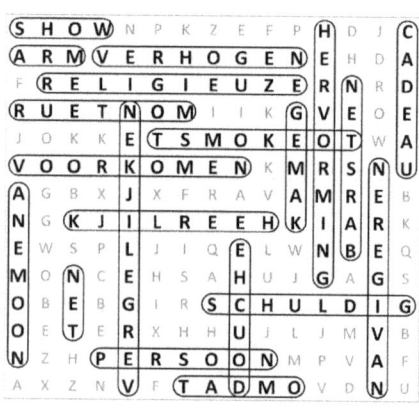

Puzzle 50

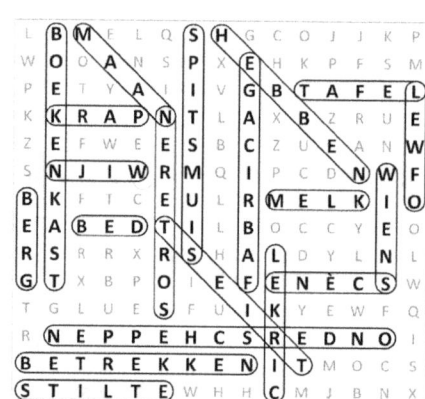

Puzzle 51

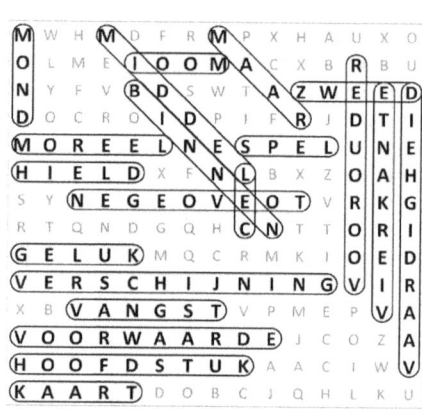

Puzzle 52

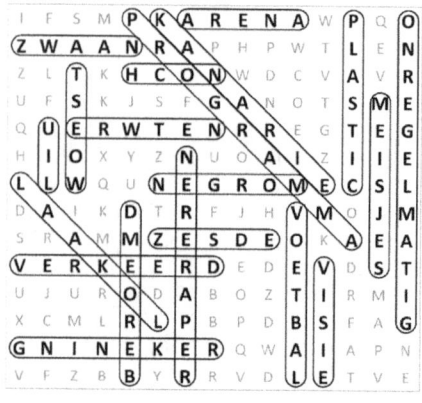

Puzzle 53

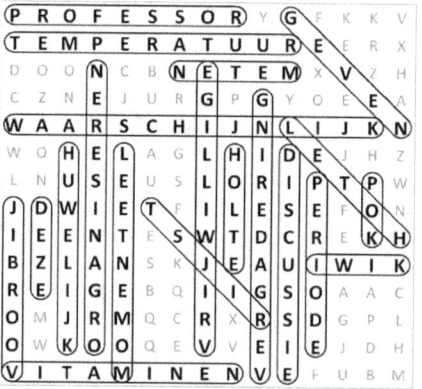

Puzzle 54

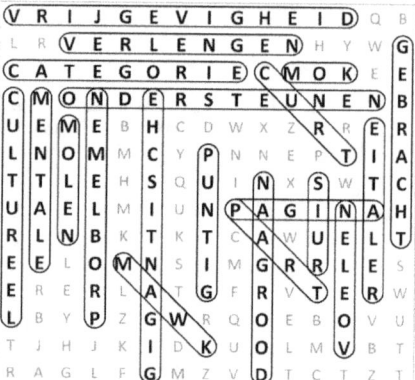

Puzzle 55

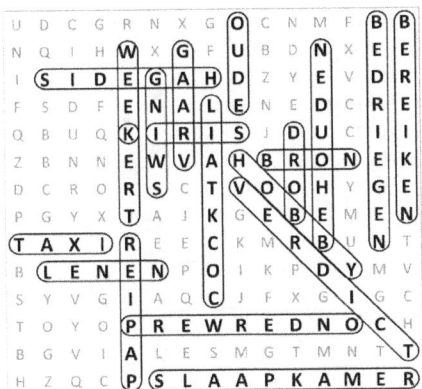

Puzzle 56

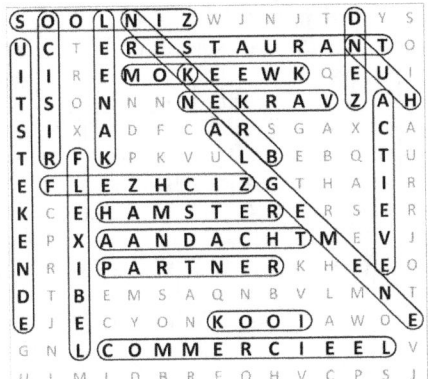

Puzzle 57

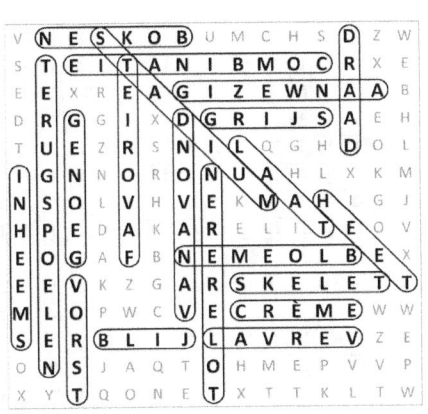

Puzzle 58

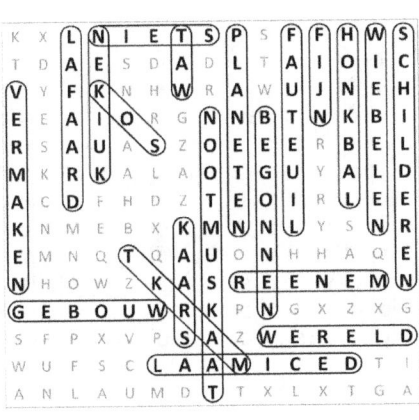

Puzzle 59

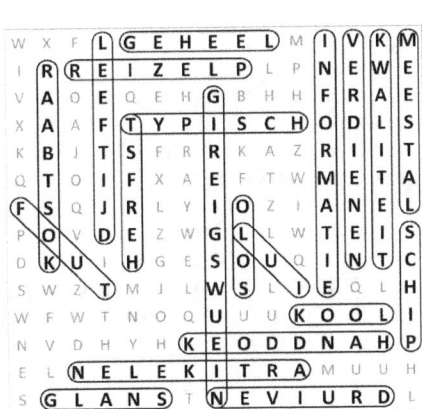

Puzzle 60

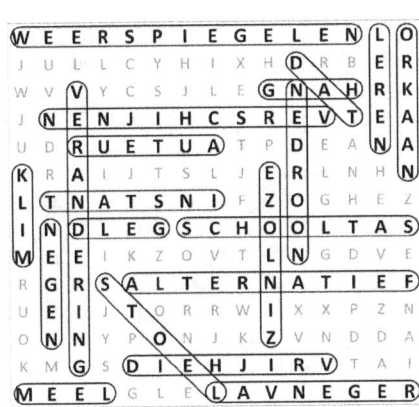

Puzzle 61

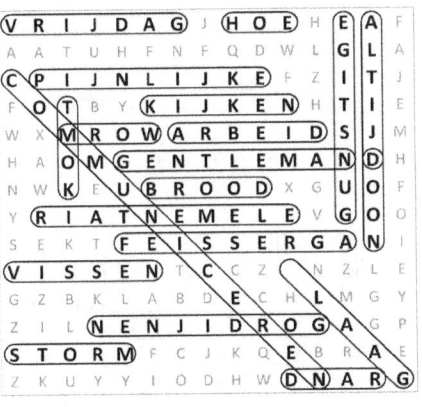

Puzzle 62

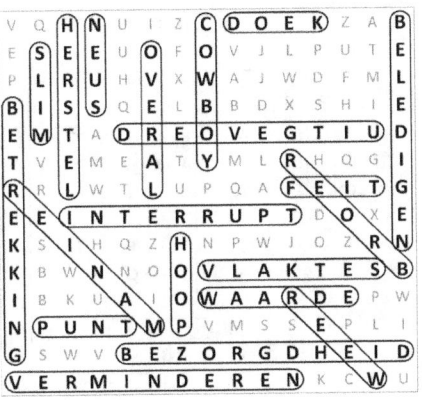

Puzzle 63

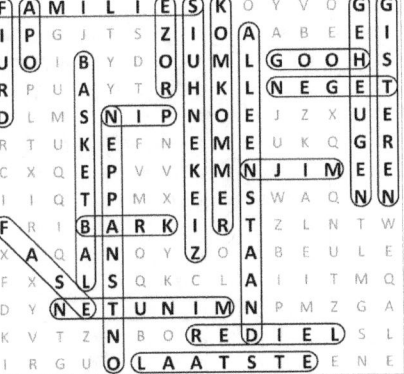

Puzzle 64

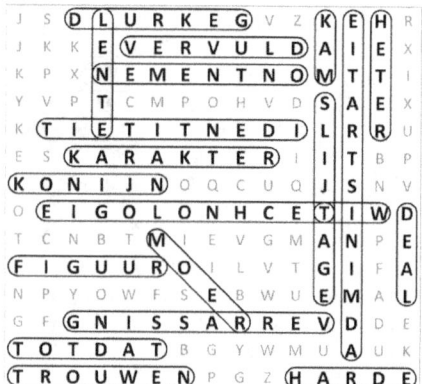

Puzzle 65

Puzzle 66

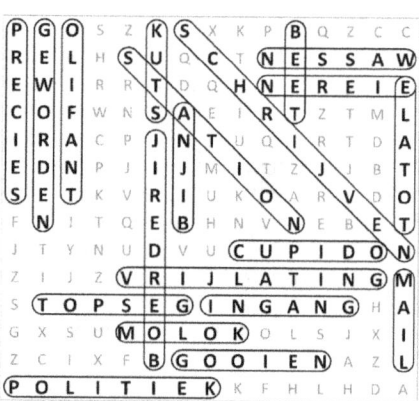

Puzzle 67

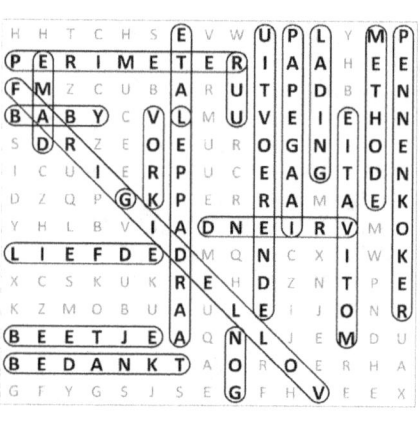

Puzzle 68

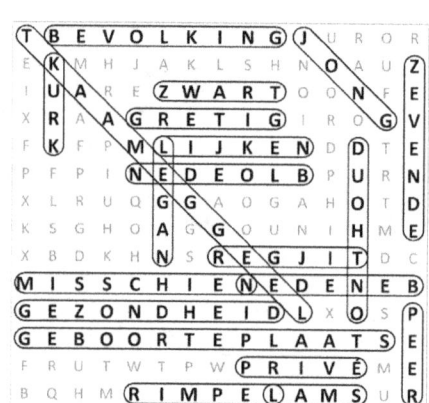

Puzzle 69

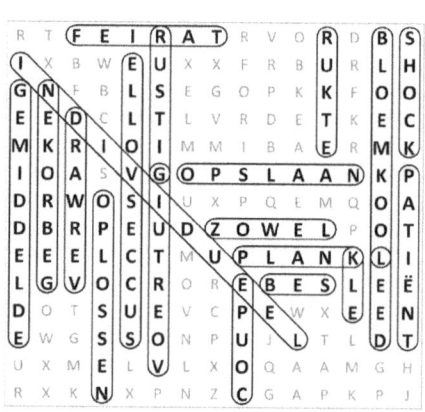

Puzzle 70

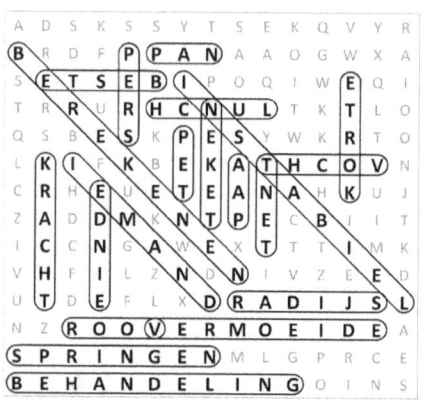

Puzzle 71

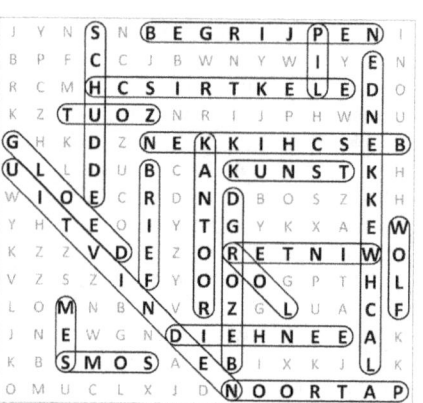

Puzzle 72

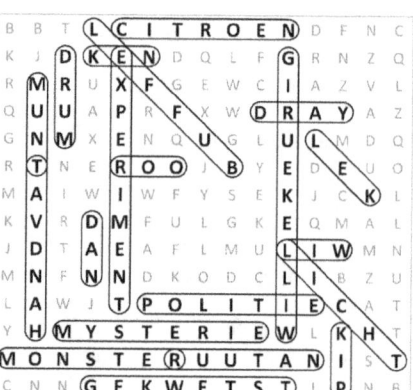

Puzzle 73

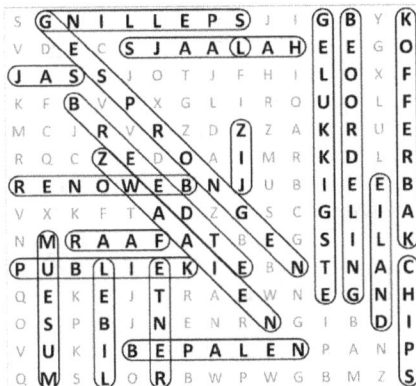

Puzzle 74

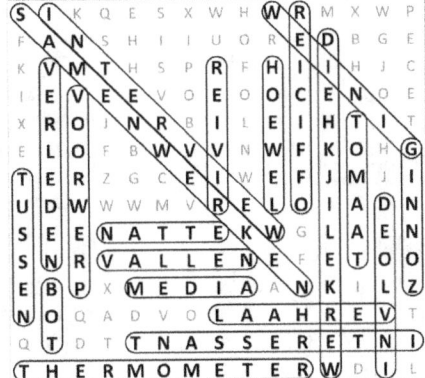

Puzzle 75

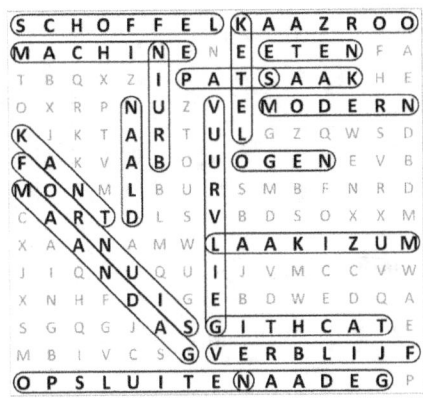

Puzzle 76

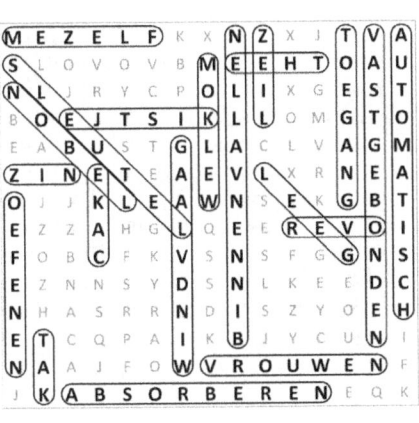

Puzzle 77

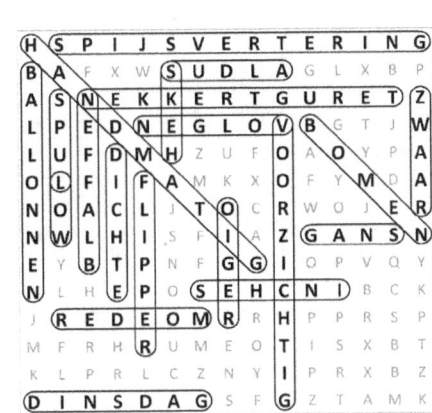

Puzzle 78

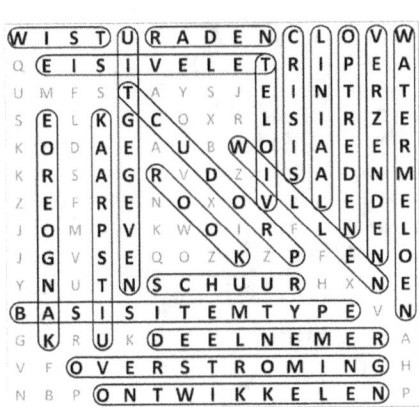

Puzzle 79

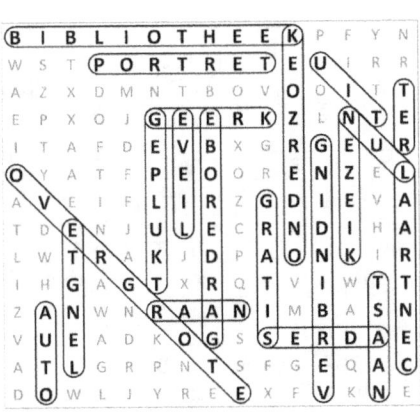

Puzzle 80

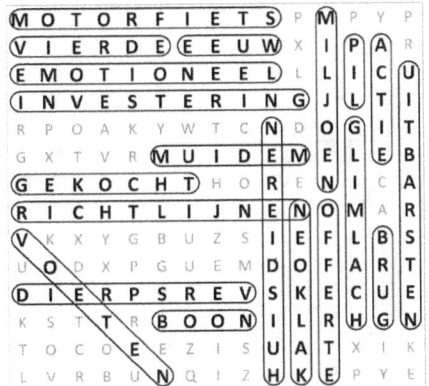

Puzzle 81

Puzzle 82

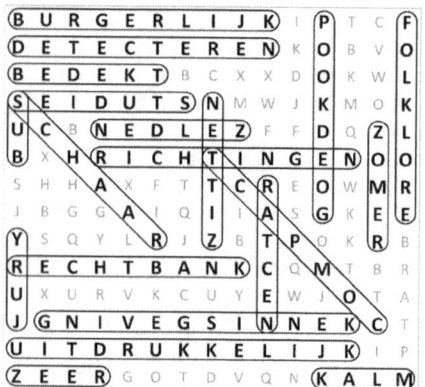

Puzzle 83

Puzzle 84

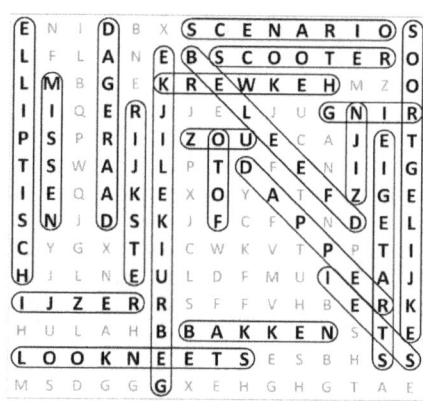

Puzzle 85

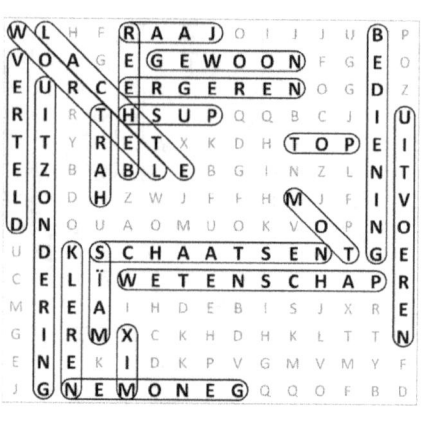

Puzzle 86

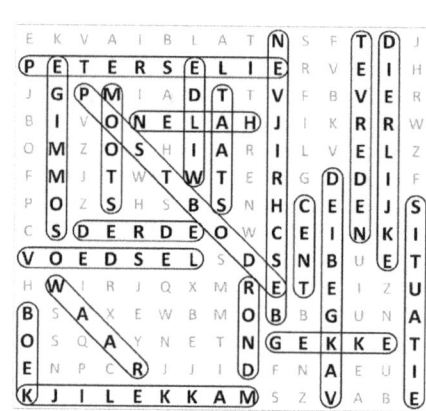

Puzzle 87

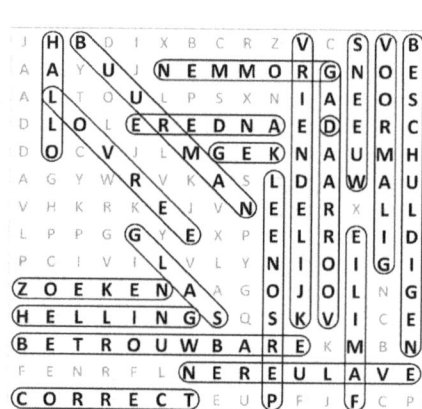

Puzzle 88

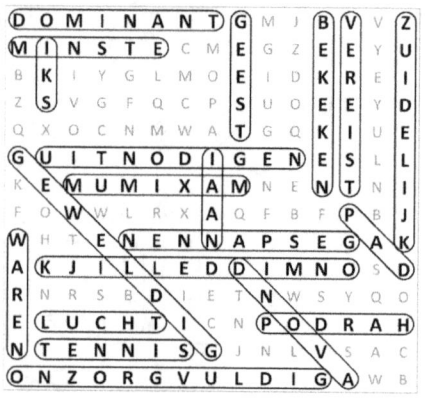

Puzzle 89

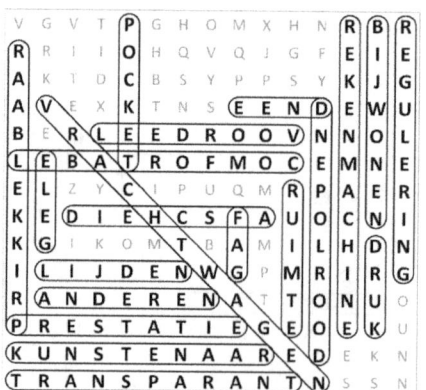

Puzzle 90

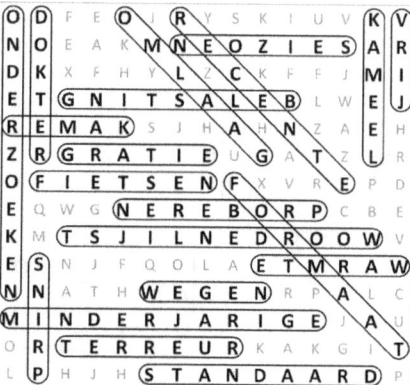

Puzzle 91

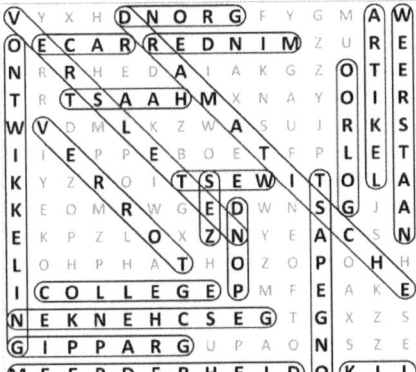

Puzzle 92

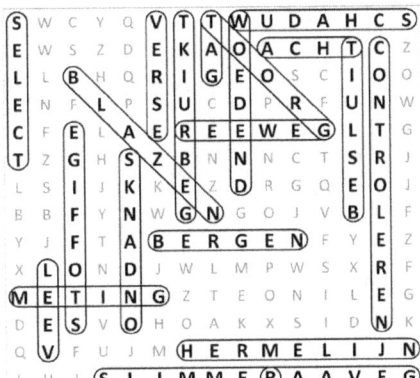

Puzzle 93

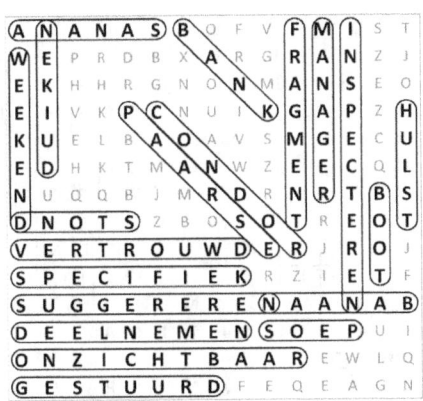

Puzzle 94

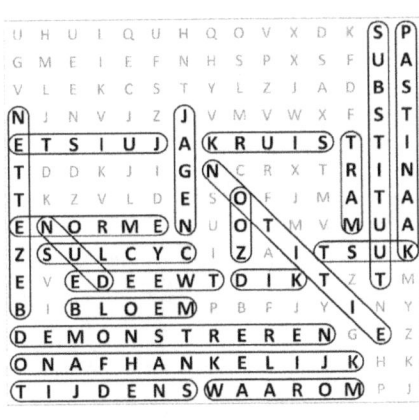

Puzzle 95

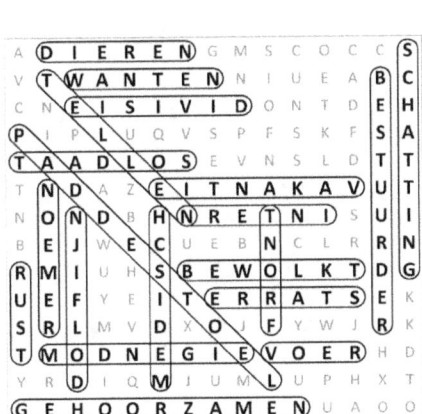

Puzzle 96

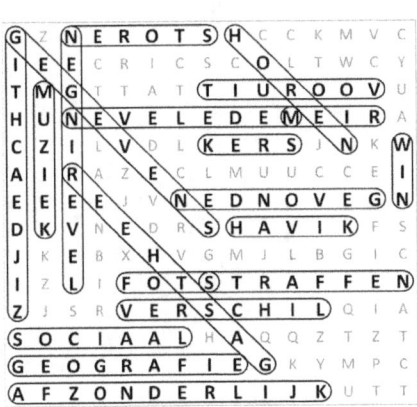

Puzzle 97

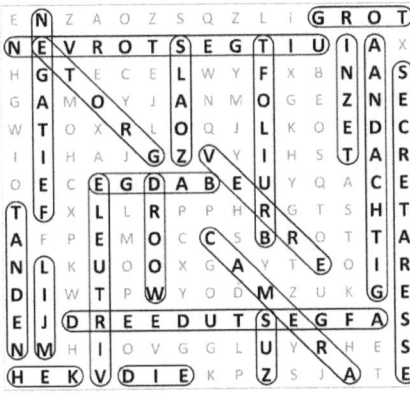

Puzzle 98

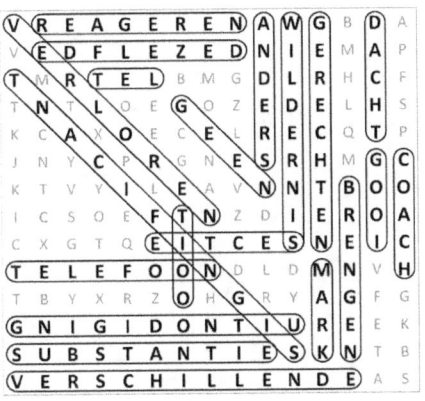

Puzzle 99

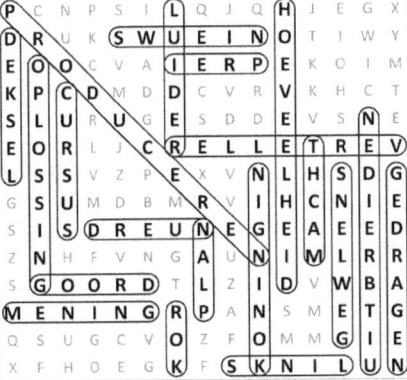

Puzzle 100

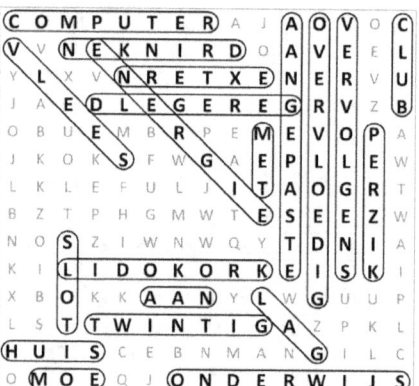

Congratulations

You made it!

We hope you enjoyed this book as much as we enjoyed making it. We do our best to make high quality games.

These puzzles are designed in a clever way to actively spark the brain and make it sharp and quick!
Did you love them?

A Simple Request

Our books exist thanks to the reviews you post on Amazon. Could you help us by leaving a review now?

Here is a short link which will take you to your Amazon orders review page.

BestBooksActivity.com/Review50

MONSTER CHALLENGE!

Challenge #1

Ready for Your Bonus Game? We use them all the time but they are not so easy to find. Here are **Synonyms**!

Note 5 words you discovered in each of the Puzzles noted below (#21, #36, #76) and try to find 2 synonyms for each word.

Note 5 Words from *Puzzle 21*

Words	Synonym 1	Synonym 2

Note 5 Words from *Puzzle 36*

Words	Synonym 1	Synonym 2

Note 5 Words from *Puzzle 76*

Words	Synonym 1	Synonym 2

Challenge #2

Now that you are warmed-up, note 5 words you discovered in each Puzzle noted below (#9, #17, #25) and try to find 2 antonyms for each word. How many lines can you do in 20 minutes?

Note 5 Words from *Puzzle 9*

Words	Antonym 1	Antonym 2

Note 5 Words from *Puzzle 17*

Words	Antonym 1	Antonym 2

Note 5 Words from *Puzzle 25*

Words	Antonym 1	Antonym 2

Challenge #3

Wonderful, this monster challenge is nothing to you!

Ready for the last one? Choose your 10 favorite words discovered in any of the Puzzles and note them below.

1.	6.
2.	7.
3.	8.
4.	9.
5.	10.

Now, using these words and within a maximum of six sentences, your challenge is to compose a text about a person, animal or place that you love!

Tip: You can use the last blank page of this book as a draft!

Your Writing:

Explore a Unique Store
Set Up **FOR YOU!**

BestActivityBooks.com/**TheStore**

Designed for **Entertainment**!

Light Up Your Brain With Unique **Gift Ideas**.

Access **Surprising** And **Essential Supplies**!

CHECK OUT OUR MONTHLY SELECTION NOW!

- Expertly Crafted Products -

NOTEBOOK:

SEE YOU SOON!

Delta Classics Team